L'ÉTAT ISLAMIQUE EST UNE RÉVOLUTION

Scott Atran

L'ÉTAT ISLAMIQUE EST UNE RÉVOLUTION

suivi de

Notes de terrain : La bataille de Kudilah

Traduit de l'anglais
par Pascal Riché

ÉDITIONS LES LIENS QUI LIBÈRENT

L'article dont est tiré le texte *L'État islamique est une révolution* a été initialement publié par la revue en ligne *Aeon* (https://aeon.co/ Suivez-les sur Twitter @aeonmag) et dans sa version française sur le site internet de *L'Obs.*

Titre original
Isis is a revolution

ISBN : 979-10-209-0398-3

«La vertu, sans laquelle la terreur est funeste ; la terreur, sans laquelle la vertu est impuissante. La terreur n'est autre chose que la justice prompte, sévère, inflexible ; elle est donc une émanation de la vertu.»

MAXIMILIEN ROBESPIERRE,
Sur les principes de la moralité politique (1794)

Au milieu des balles, des bombes et des explosions, il est commode d'omettre un fait central : non seulement nous ne parvenons pas à stopper l'islamisme radical, mais nos efforts pour le combattre semblent au contraire l'attiser.

Notre échec dans « la guerre contre le terrorisme », ce sont d'abord nos réactions de colère et de vengeance : elles ajoutent au chaos et ne parviennent nullement à casser la dynamique révolutionnaire. Celle-ci caractérise le mouvement radical et progresse dans le monde arabe sunnite.

Le paradis à l'ombre des sabres

Ce mouvement mondial, de proportion historique, est aujourd'hui porté par l'EI (l'État islamique). En moins de deux ans, il a occupé un territoire peuplé de millions de personnes sur des centaines de milliers de km². Il possède une force militaire composée de volontaires – la plus grande et la plus diverse depuis la Seconde Guerre mondiale.

Dans l'esprit des militants de l'EI, ce que la communauté internationale considère comme des atrocités dénuées de sens est une œuvre exaltée de purification à travers des meurtres sacrificiels et des actions-suicides : « Sachez que le paradis est à l'ombre des sabres », dit un hadith (parole du Prophète) tiré du recueil « Sahih al-Bukhari », tenu pour le livre le plus authentique après le Coran. Un hadith devenu le mot d'ordre préféré des combattants de l'EI et qui résume le plan délibéré de violence qu'Abou Bakr al-Baghdadi, calife autoproclamé de l'État islamique, a dessiné dans son appel aux « volcans du djihad » : il s'agit de bâtir un archipel djihadiste mondial, qui finira par s'unir afin de détruire le monde actuel pour le remplacer par un nouveau/ancien monde de justice et de paix, sous la bannière du Prophète.

Pour y parvenir, une tactique-clé consiste à attirer vers la violence des sympathisants dans le monde entier : faites ce que vous pouvez avec ce que vous pouvez, où que vous soyez et quand cela vous est possible…

Pour comprendre la révolution, mon équipe de recherche a mené des dizaines d'interviews approfondies et des études de comportement avec des jeunes gens de Paris, Londres et Barcelone ainsi qu'avec des combattants de l'EI capturés en Irak et des membres de Jabhat al-Nosra (la branche syrienne d'Al-Qaida). Nous nous sommes aussi concentrés sur la jeunesse de quartiers déshérités considérés comme des pourvoyeurs de djihadistes : dans la banlieue parisienne, comme à Clichy-sous-Bois ou à Épinay-sur-Seine ; ou au Maroc, dans les quartiers de Sidi Moumen (Casablanca) ou Jamaa Mezuak (Tetuán).

Alors que nombre de commentateurs réduisent l'islam radical à un simple « nihilisme », nos travaux montrent que nous nous trouvons en présence d'un phénomène bien plus menaçant : un projet profondément séduisant, visant à changer et à sauver le monde.

En Occident, on cultive le déni : un tel projet n'est pas pris au sérieux. Pour Olivier Roy*, penseur pourtant brillant autant que subtil, les auteurs des attentats de Paris sont, comme les jeunes qui rejoignent l'EI, des marginaux, ignorants des questions religieuses ou géopolitiques, dépourvus de vraies rancœurs historiques. Pour exprimer leur prétendu nihilisme, ils prennent la vague de l'islam radical parce que c'est le plus grand et le plus affreux des mouvements de contre-culture à leur disposition. Comment expliquer autrement qu'une mère décide d'abandonner son bébé pour massacrer des innocents qui ne lui ont rien fait, comme ce fut le cas à San Bernardino

* Olivier Roy, *La peur de l'islam,* Editions de l'Aube, 2015.

en Californie, début décembre ? On aurait tort, toutefois, de ne voir dans cette révolution de l'EI qu'un simple refuge pour marginaux délinquants.

La capacité d'attraction de l'État islamique

Quoique attaqué de toutes parts par des ennemis intérieurs et extérieurs, l'État islamique ne s'est pas encore vraiment affaibli : il s'est enraciné plus profondément dans les territoires qu'il contrôle et il a étendu son influence dans d'autres régions, que ce soit en Asie centrale ou en Afrique.

En dépit des déclarations de la Maison Blanche, les renseignements américains nous indiquent que l'EI n'est pas en régression sur le plan mondial. Au demeurant, toute personne sur le terrain le confirme. Seuls les combattants kurdes et quelques forces conduites par des Iraniens ont réussi à stopper l'expansion de l'EI par endroits, non sans bénéficier d'un appui important des forces aériennes françaises ou américaines.

Lorsque nous parlons de l'EI, nous décrivons non sans raisons un groupe vicieux, prédateur et cruel, mais nous omettons de préciser qu'il a aussi une véritable capacité d'attraction, et même qu'il procure de la joie à ceux qui le rejoignent.

Ces derniers, principalement de jeunes gens prêts à se battre jusqu'à la mort, éprouvent une joie que leur apporte la fusion avec des camarades pour une cause glorieuse ; une joie qui s'accroît quand s'assouvit leur colère et s'étanche leur soif de vengeance (la science nous apprend que cela peut apporter au cerveau et au corps un réconfort comparable à d'autres formes de bonheur).

On constate également, dans la région, une forme de joie ressentie chez certains habitants qui, certes, rejettent la violence meurtrière de l'EI, mais se réjouissent de voir renaître le Califat musulman et mourir l'ordre imposé par les anciennes grandes puissances sur le principe des États-nations. À leurs yeux, les États-Unis, la Russie et leurs alliés tentent de ressusciter cet ordre failli, que bon nombre considèrent à l'origine de tous leurs malheurs.

Cependant, on aurait tort de voir dans la révolution menée par l'EI un simple retour à un passé médiéval. L'idée n'a pas plus de sens que celle selon laquelle le Tea Party aux États-Unis voudrait revenir à 1776…

« Nous ne renvoyons pas les gens au temps des pigeons voyageurs », a commenté Abu Mousa, attaché de presse de l'EI, à Raqqa. « Au contraire, nous profiterons des nouveaux développements. Mais dans un sens qui ne soit pas contraire à la religion. »

Le Califat est à la recherche d'un nouvel ordre, basé sur la culture d'aujourd'hui.

Si nous n'ouvrons pas les yeux sur cette réalité et ces aspirations et si nous refusons de les aborder autrement que par la force militaire, nous attiserons probablement ces passions.

Alors une nouvelle génération connaîtra la guerre, et pire encore.

Le « privilège de l'absurdité »

Réduire l'État islamique à une simple déclinaison du terrorisme ou de l'extrémisme violent, c'est masquer la véritable menace qu'il représente. Tous les nouveaux développements sont « extrémistes » par rapport à ceux qui les précèdent. Ce qui compte pour l'histoire, c'est de savoir si ces mouvements peuvent survivre et faire face à la concurrence.

Pour notre espèce auto-prédatrice, le succès est souvent passé par le sang versé, y compris d'ailleurs celui des siens – un sang qu'on ne verse pas seulement au nom d'une famille ou d'une tribu, de l'argent ou du statut, mais parfois au nom d'une cause qui nous dépasse.

Ce fut particulièrement vrai à partir de la période axiale, il y a plus de 2 000 ans. À cette époque, des grandes civilisations ont surgi sous les auspices de divinités puissantes. Ces dernières ont puni sans pitié ceux qui transgressaient la morale – s'assurant ainsi de la docilité de tous, y compris des étrangers, dans des empires multiethniques, chacun devant travailler et se battre comme un seul homme.

Vous pouvez appeler cela « Dieu » ou autre chose – dans une idéologie laïque on préférera les mots en –isme : colonialisme, socialisme, communisme, fascisme, anarchisme, libéralisme.

En 1651 dans le *Léviathan*, Thomas Hobbes évoque le sacrifice réalisé au nom d'un idéal transcendant : « un privilège de l'absurdité auquel nulle créature n'est sujette sinon l'homme ». Ce dernier déploie la plus grande énergie – en bien ou en mal – lorsqu'il s'agit de mettre en action des idées qui lui semblent donner un sens à sa vie. Dans ce monde intrinsèquement chaotique, seuls les humains savent que la mort est inévitable : un élan psychologique irrépressible les pousse donc à surmonter la « tragédie de la cognition » liée à cette connaissance. Ils cherchent à répondre à des questions comme « Pourquoi suis-je ? », « Où sommes-nous ? »

Dans *La Filiation de l'homme* (1871), Charles Darwin montre que les groupes qui cultivent « une moralité... l'esprit de patriotisme, la fidélité, l'obéissance, le courage et la compassion » sont mieux armés que les autres pour survivre et dominer. Ce sont les valeurs sacrées, qui échappent à l'échange matériel et qui lient bien plus étroitement les hommes entre eux. Dans toute culture, trahir un parent ou un membre d'une même communauté religieuse ou politique, ou d'une même nation, est la ligne que nous ne franchissons généralement jamais. Et l'attachement à ces valeurs peut conduire à des succès bien plus éclatants que ce qu'on peut imaginer.

Souvent ces valeurs, attachées à des croyances (comme « Dieu est grand, désincarné, mais puissant » ou « Le marché libre a toujours raison »...) sont attribuées à la providence ou à la nature. Leur pertinence ne peut jamais être validée par des méthodes empiriques. Leur sens est donc impossible à cerner précisément. Le terme de « valeurs sacrées » donne l'idée d'une foi religieuse de même que lorsque l'on parle de terre « sainte », mais il existe aussi des « valeurs sacrées laïques » : pensez aux pèlerinages sur le champ de bataille sacré de Gettysburg ou, à New York, sur le site « ground zero » des attaques du 11 septembre 2001.

Par exemple, les doctrines fondatrices et les croyances attachées aux grands -ismes et la notion quasi religieuse de la nation elle-même ont été ritualisées dans des hymnes, chansons, cérémonies, sacrifices. Sans parler de ces droits présentés comme « consubstantiels » à la nature humaine comme « le droit à la vie, à la liberté et à la poursuite du bonheur », qui pourtant ne coulent vraiment pas de source et ne sont vraiment pas naturels dans nos espèces (cannibalisme, infanticides, esclavage, oppression des minorités, domination masculine l'étaient davantage).

L'émergence de la liberté individuelle telle qu'elle fut imaginée par des intellectuels européens au XVIIIe siècle n'était certes pas inévitable, beaucoup s'en faut. Le scénario n'était même pas réaliste. Son succès l'était encore moins. Si elle a pu s'imposer, c'est uniquement à travers la révolution, une mise en œuvre intensive dans la société, la concurrence économique et la conviction qu'il existe une « guerre juste ».

L'oxygène de la terreur

« Rien d'humain ne m'est étranger », a dit Térence, esclave romain devenu dramaturge : une phrase qui a fourni un credo solide à mon propre travail anthropologique. Il s'agit d'être en empathie – ce qui ne signifie pas en sympathie – avec ceux qui relèvent d'une culture très éloignée de la nôtre. Il est de notre devoir de comprendre. Si nous parvenons à saisir les raisons pour lesquelles des êtres humains, apparemment normaux, sont prêts à mourir en tuant des tas de congénères qui n'ont fait de mal à personne, cela nous permettra d'éviter d'autres morts. Dans nos démocraties libérales, les massacres de masse représentent aujourd'hui le mal absolu, l'expression d'une nature humaine dévoyée. Pourtant, dans l'histoire de la plupart des peuples et des cultures, il est arrivé que la violence exercée contre d'autres groupes ait été rangée parmi les actions vertueuses.

La terreur a pour but de semer la peur dans les cœurs de nos ennemis et des indécis.

Des leaders kurdes ont raconté à mon équipe de recherche que lorsque 350 à 400 combattants de l'État islamique, dans un convoi de 80 véhicules, ont déboulé vers la prison de Badoushpour, à Mossoul, afin de libérer des prisonniers sunnites (en massacrant au passage plus de 600 prisonniers chiites), une armée irakienne relativement bien équipée de 18000 hommes, dirigée par des officiers (y compris le commandant en chef) formés par les Américains, s'est envolée subitement. Quand j'ai demandé à un soldat arabe sunnite enrôlé dans les forces peshmerga sur le front Mossoul-Erbil pourquoi ces soldats avaient fui, il a répondu simplement :

« Ils tenaient à garder leur tête. »

Les bouclages de Bruxelles, à la suite des attentats de Paris, ou de Boston lors des attentats sur le marathon en 2013 répondaient à la même peur. Ils ont contribué à démontrer notre absence de foi en nos propres sociétés et valeurs. Ce qui était, précisément, l'un des objectifs des auteurs des attaques terroristes. Pendant la Seconde Guerre mondiale, même la Luftwaffe allemande, au sommet de sa puissance, ne parvenait pas à impressionner le gouvernement britannique et le peuple de Londres… Aujourd'hui, à la simple mention d'une attaque contre New York dans une vidéo de l'EI, les responsables se précipitent pour appeler la population au calme.

L'exposition médiatique, oxygène de la terreur, amplifie la perception du danger. En générant une hystérie collective, elle rend tangible la menace de déstabilisation de la société. C'est encore plus vrai aujourd'hui : les médias se sont davantage spécialisés dans l'art d'exciter les émotions du public que dans celui d'informer.

L'EI accorde une grande attention aux moyens de susciter l'intérêt du public, particulièrement celui des jeunes, dans les contrées des infidèles : l'Audimat, les box-offices, les audiences des vidéos… Il utilise ces mêmes voies pour acheminer ses messages « vertueux » et appeler à se ranger sous la bannière noire.

Pour l'EI, retourner à son avantage notre machine de propagande – la plus puissante au monde – est devenu un jeu d'enfants. Une telle prise de jiu-jitsu représente une forme nouvelle et puissante de guerre asymétrique, que nous pourrions aisément contrecarrer en nous en tenant à une information sobre et factuelle. Ce que nous ne faisons pas.

Le message, c'est la guerre

La situation est à la fois dangereuse et ubuesque. Le département de la Justice des États-Unis, avec le soutien du Congrès et des médias, considère désormais qu'une simple

Cocotte-Minute manipulée par un terroriste est « une arme de destruction massive ».

Il est tout bonnement ridicule de mettre au même niveau un autocuiseur et une bombe thermonucléaire dont la puissance destructrice est des milliards de fois plus grande. C'est une façon de banaliser les véritables armes de destruction massive et de rendre leur utilisation plus concevable.

Dans le monde actuel, faire parvenir un message est une autre façon de faire la guerre. La manipulation, par l'EI, de nos médias amène le public à craindre des destructions massives qui ne sont pas vraiment possibles et, dans le même temps, obscurcit la perception de la menace réelle.

Les opérations asymétriques impliquant des meurtres spectaculaires afin de déstabiliser l'ordre social relèvent d'une tactique vieille comme le monde. Des groupes politiques ou religieux violents provoquent régulièrement leurs ennemis pour les amener à surréagir, de préférence en commettant des atrocités.

Quand les Romains ont occupé la Judée après la mort du Christ, les premières révoltes ont impliqué des jeunes juifs jetant des pierres. Les zélotes, et spécialement leur variante la plus violente, les sicaires (les « porteurs de dagues »), ont exacerbé la tension en attaquant des soldats romains et des subalternes grecs à l'occasion d'actions-suicides, pendant des cérémonies officielles, mettant en branle l'engrenage de la rétorsion et de la vengeance. Les révoltes ont cessé avec l'expulsion, par Rome, des juifs de Judée, qui est devenue Syria Palaestina, ainsi renommée en mémoire des Philistins qui avaient auparavant occupé les zones côtières. Mais la diaspora juive a répandu sa foi monothéiste dans les coins les plus reculés du monde, préparant ainsi le terrain des missionnaires tant du christianisme que de l'islam.

À la recherche du sublime

La violence de l'EI, de même que la violence révolutionnaire de bien d'autres qui l'ont précédé, pourrait être caractérisée par ce que Edmund Burke a appelé « le sublime » : une quête passionnée pour « la terreur délicieuse », le sens du pouvoir, de la destinée, la recherche d'absolu, d'inexprimable.

« Aucune passion ne dépouille aussi efficacement l'esprit humain de ses pouvoirs d'agir et de raisonner que la peur », écrit Burke dans *Le Sublime et le Beau* (1756). « Car, se définissant comme l'appréhension de la douleur ou de la mort, elle opère d'une façon qui ressemble à la douleur véritable. Par conséquent, tout ce qui est terrible pour la vue est également sublime... »

Mais pour que la terreur soit couronnée de succès, au service du sacré et du sublime, « l'obscurité semble être généralement nécessaire », poursuit Burke. « Les gouvernements despotiques, fondés sur les passions des hommes et principalement sur la peur, éloignent le plus possible leur chef du regard public. »

Baghdadi, « prince des croyants », répond à cette description. Plus généralement, comme Charles de Gaulle l'a noté en 1932, « le prestige ne peut aller sans mystère, car on révère peu ce que l'on connaît trop » ; et donc « Les vrais chefs ménagent avec soin leurs interventions » et concentrent tous leurs efforts en vue de captiver l'esprit des hommes, afin qu'ils se surpassent et agissent pour une cause glorieuse.

Le « sublime » est également intensément physique et viscéral, ancré dans notre émotion et notre identité. Tout raisonnement qui lui est attaché est l'esclave des passions, et non le pilote. Le lavage de cerveau n'existe pas : c'est un bobard né pendant la guerre de Corée, selon lequel des soldats alliés étaient brisés, tels les chiens de Pavlov, par les sorciers chinois de la manipulation psychologique. Et un bobard que se racontent aujourd'hui des parents refusant d'affronter leur propre peur (souvent compréhensible) face à un problème que rencontre l'un de leurs enfants.

Dans *Mein Kampf* (1925), Adolf Hitler écrivait : « Tous les grands mouvements sont des mouvements populaires, des éruptions volcaniques de passions humaines et d'états d'âme, soulevées soit par la cruelle déesse de la misère soit par les torches de la parole jetée au sein des masses. »

Mais la parole doit être jouée sur la scène spectaculaire du sublime. Lorsque Charlie Chaplin et René Clair avaient visionné ensemble *Le Triomphe de la volonté* (1935), l'ode visuelle de Leni Riefenstahl au national-socialisme, lors d'une projection au New York Museum of Modern Art, Chaplin avait ri tandis que Clair, lui, était terrifié, craignant que si le film était diffusé plus largement, l'Occident basculât.

« Ô soldats de l'État islamique, continuez la moisson des armées », clamait Baghdadi en 2014, « que les volcans du djihad entrent en éruption partout » et « démembrent les ennemis, qu'il s'agisse de groupes ou d'individus » afin de libérer l'humanité du « système global fondé sur l'usure » et tenu en laisse par « les juifs et les croisés » – un appel qui résonne avec d'autres, et évoque bien des atrocités.

Les valeurs sacrées, carburant révolutionnaire

Un sondage ICM d'août 2014 avait suggéré qu'en France un quart des jeunes de toutes croyances âgés de 18 à 24 ans avaient une opinion positive de l'EI. Aucune autre étude n'a confirmé un tel résultat, mais après les attaques contre *Charlie Hebdo* en janvier 2015, notre équipe de recherche a entrepris de sonder le soutien, en France et en Espagne, aux valeurs professées par l'EI et aux valeurs contraires à celles-ci. Par exemple d'un côté le respect strict de la charia du Califat, de l'autre l'égalité des religions et la tolérance des opinions dissidentes dans les démocraties.

Parmi les jeunes gens vivant en banlieue parisienne dans des quartiers défavorisés ou des barres d'immeubles, nous avons trouvé une approbation assez large en faveur des valeurs de l'EI, y compris pour les actions violentes conduites en son nom. En Espagne, parmi un large échantillon de la population, nous avons constaté combien était faible la volonté de se battre pour défendre les valeurs démocratiques contre les attentats.

Minorités agissantes et valeurs sacrées

Peu importe que, comme J.M. Berger l'a écrit en novembre dans *The Atlantic*, « les sympathisants idéologiques de l'État islamique représentent moins de 1 % de la population mondiale [et] que les militants actifs de son projet de califat représentent certainement moins d'un dixième de pour cent ». Très rares, si tant est qu'elles existent, sont les avant-gardes révolutionnaires qui ont connu des succès en commençant par capturer une partie importante de la population mondiale, ou même le soutien des peuples dans leur propre région d'origine.

Pendant le déploiement des troupes américaines en Irak, jusqu'aux trois quarts des combattants ont été neutralisés dans les rangs de la filiale locale d'Al-Qaida – qui deviendra l'EI – et chaque mois, pendant 15 mois, en moyenne une douzaine de « cibles de haute valeur » ont été éliminées, y compris le leader du mouvement, Abou Moussab al-Zarqaoui. Et pourtant, l'organisation a survécu... Elle a continué à prospérer, au-delà de toute attente, dans le chaos de la guerre civile de Syrie et au milieu de la décomposition des diverses factions en Irak.

Juste après la Seconde Guerre mondiale, des mouvements révolutionnaires avaient remporté des victoires avec une force de feu et des effectifs dix fois moindres que ceux des États leur faisant face.

Des études de comportement, dans des zones de conflit, indiquent que le recours à des valeurs sacrées – comme la libération nationale, Dieu, le Califat – galvanise dans des proportions insoupçonnées des groupes a priori peu puissants. Ils sont capables de résister et même de vaincre des armées bien mieux dotées en matériel et en hommes et qui, elles, utilisent comme incitations l'argent, les promotions, les menaces de punition.

Comme le montrent l'histoire et les études empiriques, ce qui importe dans les succès révolutionnaires, c'est l'engagement pour la cause et la notion de camaraderie. Même après des échecs initiaux et des défaites parfois catastrophiques, cela peut permettre de surmonter des désavantages évidents puis de l'emporter.

Les valeurs libérales, hier et aujourd'hui

En 1776, ce n'est pas l'économie qui avait frustré les colons américains mais la perception d'un mépris des « vérités sacrées et indéniables » – pour reprendre les mots initialement utilisés par Thomas Jefferson lors de la rédaction de la déclaration d'Indépendance. Ils étaient prêts à sacrifier « leurs vies, leur fortune et leur honneur sacré » contre l'empire le plus puissant du monde. La Grande-Bretagne a envoyé une force navale de 30 000 hommes contre la révolution naissante à New York, une ville de 20 000 habitants. Elle avait d'abord battu à plate couture l'armée de George Washington. Les derniers soldats de l'armée des colonies regagnaient leurs foyers, hagards, quand Washington s'adressa à eux dans un appel inspiré :

« Vous allez rendre ce service à la cause de la liberté... ce que vous ne pourrez sans doute jamais faire dans d'autres circonstances. »

L'armée s'est soudée dans une union fusionnelle, dans l'hiver rude de Valley Forge, prête à affronter toute adversité.

Mais la forme de démocratie libérale initiée par la révolution américaine ne s'est jamais imposée face au morcellement religieux et ethnique, spécialement au Moyen-Orient et en Asie centrale où un tel morcellement est ancré sur un passé tribal. La démocratie a pris racine dans les colonies britanniques américaines, qui bénéficiaient du plus haut niveau de vie au monde et où les populations autres que les Indiens et les esclaves africains avaient une occasion historique de faire fortune, virtuellement sans limites, en étant relativement libres de réaliser leurs rêves.

En Europe de l'Ouest, la démocratie s'est développée graduellement tout au long du XIXe siècle, sous la tutelle de régimes autoritaires. La France de Napoléon III ne s'est pas contentée de poursuivre la promotion de la laïcité engagée par Napoléon Bonaparte et la tolérance de la pluralité religieuse : elle a également maintenu les élections législatives (introduites en 1848), autorisé l'existence d'une opposition politique, légalisé le droit de grève.

En Europe, le mouvement des « enclosures » (« Nul n'est tenu à l'indivision ») a arraché les gens à la propriété collective ancestrale et à l'identité communale. Il les a conduits à travailler dans les centres urbains de la Révolution industrielle ; ils ont tissé des liens à travers ce travail et à travers la guerre, ce qui a débouché sur une nouvelle forme d'identité nationale.

Dans ce paysage, les institutions libérales ont commencé à se développer, permettant du même coup à des personnes anonymes qui ne se connaissaient pas de travailler ensemble et, si nécessaire, de se battre ensemble. Ces institutions incluent l'éducation gratuite et universelle, une presse ouverte à un grand nombre d'informations et d'opinions, l'égalité des citoyens devant la loi (du moins en principe) et une culture de tolérance des autres et particulièrement des minorités.

Sans cette identité nationale, ces valeurs libérales et les institutions qui les soutiennent, le choix du peuple et les élections auraient mené à la tyrannie de la majorité, comme l'ont montré à la fois l'Athènes antique et l'Irak post-Saddam Hussein.

Monde arabo-musulman, Occident chrétien : deux histoires distinctes

Le fossé entre ces valeurs est accentué par des trajectoires historiques divergentes. L'Occident et le monde arabe et musulman ont vécu la plupart du temps des histoires séparées et parallèles. En Occident, les gens croient généralement que l'histoire a commencé avec la civilisation sumérienne au XXVIe siècle avant Jésus-Christ. Situé dans la partie sud de l'Irak moderne, Sumer est le berceau de la loi écrite et de la littérature, d'Abraham et de sa croyance monothéiste. Par la suite, la civilisation s'est déplacée vers l'ouest – vers la Grèce et vers Rome. Après la chute de Rome vinrent le Moyen Âge, la Renaissance, les Lumières, les premières révolutions politiques, la Révolution industrielle, les guerres mondiales et la guerre froide. Les droits de l'homme et la démocratie ont triomphé. Elles sont devenues, semble-t-il, incontournables.

Le monde arabo-musulman commence lui aussi avec Sumer, mais jusqu'aux guerres mondiales il a suivi un parcours différent : Rome, la Grèce et tout le reste sont des épisodes périphériques.

L'Europe chrétienne était alors le continent obscur ; les héros musulmans, les mythes, les légendes et les références étaient fondamentalement différents des nôtres. Certes l'on croise Moïse, Alexandre et Jésus mais leurs personnages, dans l'islam, sont différents : la vie de « Musa » (Moïse) est parallèle à celle de Mahomet et elle annonce la venue du prophète ; Iskandar (Alexandre), alias Dhul-Qarnayn (« le bi-cornu »), était une figure religieuse à laquelle Allah avait confié un grand pouvoir et la capacité de construire un mur de civilisation propre à tenir à l'écart le chaos et le mal.

Enfin, Isa (Jesus) était le meilleur messager d'Allah mais pas son fils ; et il n'est pas mort sur la croix mais, comme Mahomet, il a été appelé au ciel.

L'ensemble des importations politiques d'Europe, y compris le nationalisme, ont misérablement échoué au Moyen-Orient (sauf peut-être en Turquie, en Égypte et en Iran où elles sont davantage construites sur l'ethnicité et la foi que sur l'identité nationale).

Les gens ont envie qu'on leur rappelle leur histoire, leurs traditions, leurs héros, leurs mœurs ; et c'est ce que fait frontalement l'État islamique, aussi brutal et répugnant soit-il à nos yeux – et aussi à ceux de la plupart des Arabo-musulmans.

Pourtant, les États-Unis et les autres puissances occidentales ne semblent pas le reconnaître.

Pour combattre l'EI, ils avancent donc des solutions bancales, qui vont de l'appel fatigué à réparer le système des États-nations imposé après la Première Guerre mondiale par les vainqueurs européens (la Grande-Bretagne et la France) à la promotion d'un « islam modéré », aussi séduisant aux yeux de jeunes assoiffés d'aventure, de gloire, d'idéaux et d'importance que ne l'est la promesse éternelle de centres commerciaux.

La notion populaire de « choc des civilisations » entre l'islam et l'Occident est terriblement trompeuse. L'extrémisme violent ne marque pas la résurgence de cultures traditionnelles mais au contraire leur effondrement, alors que des jeunes gens se libérant du carcan de traditions millénaires cherchent avidement une identité sociale. Celle-ci donnerait à leur vie du sens et un destin glorieux.

C'est la face noire de la globalisation. Les individus se radicalisent afin de trouver une identité solide dans un monde qui s'aplanit. Dans cette nouvelle réalité, les canaux verticaux de communication entre les générations sont remplacés par des liens horizontaux, entre pairs – des liens qui traversent la planète.

La soif de gloire et de reconnaissance entre pairs

Comme je l'ai dit au Conseil de sécurité au printemps dernier*, dans le monde d'aujourd'hui, ce n'est pas tant le Coran ou la foi

* Voir en annexe le texte de l'allocution de Scott Atran à l'ONU.

religieuse qui inspire le combattant le plus meurtrier que la perspective de gloire et de reconnaissance par ses pairs.

Les volontaires étrangers rejoignant les rangs de l'EI sont souvent des jeunes vivant une période de transition – immigrants, étudiants, travailleurs entre deux emplois, célibataires n'ayant pas encore trouvé leur âme sœur. Ils ont quitté le domicile de leurs parents, ils cherchent une nouvelle famille à travers des amis et des compagnons de voyage afin de donner du sens à leur vie.

En France, le Centre de prévention contre les dérives sectaires liées à l'islam estime que 80 % d'entre eux viennent de familles non religieuses ; selon le West Point's Center for Combating Terrorism*, leur âge moyen s'élève à 25 ans. Pour la plupart, ils n'ont pas reçu d'éducation religieuse traditionnelle et ils ont découvert la religion sur le tard, comme des « born again », à travers le djihad.

* https://www.ctc.usma.edu/posts/ctc-perspectives-the-french-foreign-fighter-threat-in-context

Environ un quart d'entre eux, souvent les plus féroces, sont des convertis. Ces jeunes gens qui se cherchent ont trouvé leur voie dans le djihad. Ils se retrouvent dans des réunions privées ou sur Internet.

Ce sont parfois des gens mal à l'aise avec les fêtes alcoolisées ou avec les aventures sexuelles, ou qui ont vu leurs parents humiliés par des employeurs ou par les autorités, ou leur sœur insultée parce qu'elle porte un voile. La plupart ne vont pas jusqu'à rejoindre le djihad, mais certains le font. Plus de 80 % de ceux qui rallient l'EI utilisent des relations de pair à pair*, principalement des amis, parfois des membres de leur famille. Très peu passent par des mosquées ou par des personnes inconnues.

De ce que l'on en sait, les terroristes de Paris et Bruxelles correspondent à ce profil. De même que les auteurs des attentats de Madrid en 2004 ou de Londres en 2005. Plusieurs des

* D'après le rapport d'Homeland Security committee: https://homeland.house.gov/wp-content/uploads/2015/09/TaskForceFinalReport.pdf

comploteurs des attentats parisiens de janvier et de novembre 2015 vivaient pendant un temps dans le même quartier, certains étant amis ou parents, d'autres s'étant côtoyés dans un réseau criminel ou en prison. Il en est de même pour les auteurs des attaques survenues à Bruxelles en mars 2016.

Marginaux dans leur pays, mais pas seulement

En France et ailleurs en Europe, beaucoup de ces jeunes se sentent rejetés à la fois par le pays dans lequel ils vivent et par leur pays d'origine. À la différence des États-Unis, l'Europe n'a pas été conçue pour accueillir des immigrants.

Aux États-Unis, les immigrants musulmans rejoignent dès la première génération le niveau de vie ou d'éducation des Américains moyens (et parfois le surpassent).

En Europe, la probabilité qu'ils restent plus pauvres que la moyenne, même au-delà de la deuxième génération, est bien plus grande : un héritage de la décolonisation qui, faute d'être traité, est devenu toxique.

La France et l'Allemagne ont les plus larges populations musulmanes d'Europe. En France, 7 à 8 % du total de la population est musulmane, soit le taux le plus fort de toute l'Union européenne ; par ailleurs, jusqu'aux deux tiers de la population carcérale serait de culture musulmane*, ce qui contribue à nourrir une sous-classe toute prête à être radicalisée…

Un jeune de 24 ans qui a rejoint Jabhat al-Nosra en Syrie raconte ainsi son expérience en Allemagne :

« Ils nous apprennent à travailler dur afin de nous acheter de belles voitures et de beaux vêtements, mais ce n'est pas cela le bonheur. J'étais un être humain de troisième classe parce que je n'étais pas intégré à un système corrompu. Mais je ne voulais pas devenir un délinquant. Aussi, avec mes amis nous avons décidé de démarcher autour de nous pour

* https://blogs.mediapart.fr/lucas-martin/blog/190215/jack-lang-23-des-prisonniers-sont-musulmans

inviter les gens à rejoindre concrètement l'islam. Les autres groupes musulmans de la ville se contentent de parler, ils pensent qu'un État véritablement musulman va tomber du ciel sans qu'ils aient à se battre. »

La plupart des Européens se sont engagés dans l'EI plutôt que dans al-Nosra parce qu'ils croient « que le Califat existe déjà aujourd'hui et qu'il n'est pas besoin d'attendre demain pour le connaître ». Pourtant, de nombreux volontaires de l'EI ne sont pas marginaux dans leur propre pays. Comme me l'a écrit un médecin de famille en 2015 :

« Depuis quelques mois, deux groupes d'étudiants en médecine de l'université [de sciences médicales et technologiques de Khartoum, au Soudan] sont partis au Levant pour rejoindre l'EI. Les familles de ces étudiants ont du mal à accepter cette perte. C'était pour elles presque un deuil. Les étudiants qui ont quitté l'université étaient soutenus financièrement par leurs parents. Il m'est difficile d'identifier les facteurs ayant conduit ces étudiants intelligents et de bon niveau vers l'EI. Est-ce que cela peut venir d'une quête d'identité ? Est-ce que c'est de la faute de l'université ? Est-ce que cela tient au manque d'influence de leur famille ? »

Un banquier de Mossoul nous dévoile :

« Les combattants de Daech sont entrés dans la banque et notre personnel était terrifié. Ils ont proposé de nous aider d'une façon ou d'une autre. Un Algérien d'environ 25 ans, poli, a simplement demandé à être conduit vers nos ordinateurs. Très rapidement, il a téléchargé les informations sur toutes les transactions de la banque. Il a raconté qu'il était venu dans l'État islamique pour faire bon usage du savoir-faire qu'il avait acquis au cours de ses études en informatique. »

Le Califat, mythe mobilisateur

Le Califat aimante ces jeunes gens ; il leur procure du sens et de la liberté, il les sort de la mainmise du monde matériel dans lequel ils ne voyaient que vice et mièvrerie. L'EI est supposé correspondre à la vision salafiste et pure des premiers disciples du prophète (salaf = « ancêtres »). C'est une entreprise qui exige un djihad offensif, voire une sainte guerre que toute personne appartenant à la « maison de l'Islam » (Dar al-Islam) doit conduire contre les infidèles (kouffar). Les tenants du Califat pur sont violemment opposés à l'idée d'un « grand djihad », qui désigne une bataille spirituelle intérieure.

Selon eux, il s'agit d'une conception erronée du djihad, portée par l'hérésie soufie qui s'est développée à la fin du califat abbasside, et qui a corrompu la pureté du califat arabe pour le précipiter vers sa chute.

Lors du Sommet de l'Asie du Sud-Est à Singapour en avril 2015, des représentants des gouvernements occidentaux ont souligné que le Califat n'était rien d'autre qu'un mythe masquant de classiques rapports de pouvoir politiques. Notre recherche en Europe et en Afrique du Nord montre qu'il s'agit d'un dangereux contresens. Le Califat est réapparu comme une cause mobilisatrice dans l'esprit de nombreux musulmans, séduisant même des musulmans favorables à une coopération œcuménique. « Je suis contre la violence d'Al-Qaida et de l'EI », déclare un imam à Barcelone qui a travaillé sur le dialogue avec les chrétiens et les juifs, « mais ils ont mis notre situation difficile sous les projecteurs. Avant, nous étions juste ignorés. Quant au Califat… nous en rêvons comme les juifs ont longtemps rêvé de Sion. Peut-être deviendra-t-il une fédération des peuples musulmans, sur le modèle de l'Union européenne. Le Califat est là, dans nos cœurs, même si nous ne savons pas quelle forme il finira par prendre. » (Ben Laden lui-même s'opposait à l'établissement du Califat utopique tant que les États-Unis étaient assez puissants pour le contenir.)

Quelle que soit la forme qu'il prendra, on peut être sûr qu'il sera enraciné dans l'histoire et la culture des peuples arabes ; pas dans celle des pays occidentaux.

Cette histoire comprend la domination musulmane sur l'Eurasie, jusqu'à la Révolution industrielle européenne, et un rejet de l'ordre occidental du monde imposé après l'effondrement ottoman au début du XXe siècle, celui de la démocratie libérale comme celui du socialisme.

Peut-être qu'avant tout l'EI a pour objectif de mettre un point final à Sykes-Picot, l'ordre néocolonial que les Britanniques et les Français ont imposé sur les provinces arabes de l'empire ottoman après la Première Guerre mondiale – un ordre qui a été consolidé par les frontières dessinées par Churchill, T.E. Lawrence, Gertrude Bell et d'autres lors de la conférence du Caire de 1921, afin d'assurer le contrôle britannique sur les voies de communication, les ressources (spécialement le pétrole, source d'énergie en plein essor) et les transports de Suez à l'Inde.

Lors du printemps 2014, quand l'EI a détruit au bulldozer les installations marquant la frontière entre l'Irak et la Syrie, il a provoqué un frisson de libération et de joie à travers la région et au-delà.

À la différence des États-Unis et d'autres grandes puissances comme la Russie ou la Chine, nombreux sont ceux qui, dans la région, ne considèrent pas le chaos actuel comme le résultat d'États défaillants qu'il faudrait faire revivre et renforcer à tout prix, mais qu'il émane au contraire des fictions ayant présidé à la constitution de ces États.

Les révolutions et la morale

Les révolutions passées et présentes se placent sur le terrain de la morale. La détérioration ou la mutation rapide des conditions économiques et sociales peut se trouver à l'origine d'une cascade d'événements qui conduisent à une crise politique. Mais ces événements ne débouchent sur une remise en question révolutionnaire de l'ordre ancien que si l'action est motivée par un nouvel ordre moral et lorsque la prise du pouvoir d'État met en œuvre les « valeurs sacrées » qui définissent cet ordre.

En Égypte, l'influence des Frères musulmans – le mouvement islamiste qui s'est mué en parti – a progressé bien avant le printemps arabe. Bien que les Frères musulmans aient initialement refusé de participer au pouvoir, la désunion des partis laïcs leur a permis de s'imposer et de remplir le « vide moral » qui a suivi cette révolution.

Mais à la différence des fondateurs de la République islamique d'Iran qui ont purgé l'armée dès leur arrivée, ont pris le contrôle du bazar (la classe commerçante urbaine) et se sont enracinés dans la population rurale et religieuse, les leaders égyptiens croyaient que l'armée, le business et l'opinion tomberaient spontanément de leur côté dès lors que les Frères musulmans contrôleraient la parole et le ministère de l'Information.

Par contraste, l'EI a agi rapidement et impitoyablement afin d'imposer sa nouvelle/vieille éthique parmi les Arabes sunnites dans ces territoires ravagés par la guerre du Moyen-Orient. Ils promettent une guerre totale contre la morale « satanique » des Iraniens, des chiites et de tous ceux qui les aident (y compris les États-Unis, leurs alliés et la Russie), dans un combat à mort pour retrouver l'âme de l'islam et, au-delà, pour sauver toute l'humanité.

Ce qui fait le succès d'une révolution

Les analogies historiques sont toujours d'une utilité limitée, mais elles sont aussi le seul moyen qui nous aide à prendre conscience de ce qui est nouveau, ou au moins de discerner où commencent les vraies nouveautés.

Il y a des parallèles frappants dans l'histoire des révolutions modernes depuis que les Jacobins, conduits par Maximilien Robespierre, ont introduit le concept politique de « terreur » et la décapitation par la guillotine. Cette mesure extrême, au nom de la démocratie, a été considérée comme une forme divine de violence. Pendant une décennie, à la fin du XVIIIe siècle, les révolutionnaires français se sont entre-dévorés, comme le feraient des requins blessés dans un bassin, tout en se battant contre une coalition hargneuse de grandes puissances cherchant à l'abattre.

Pourtant, elle a survécu. Unie et transformée dans une mission impériale pour sauver l'humanité – comme toutes les révolutions qui ont suivi en ont exprimé l'intention –, les forces révolutionnaires ont conquis presque toute l'Europe avant que l'Empire ne s'effondre. Par la suite, l'engagement d'une « guerre totale » au service d'une force morale, spirituelle et indomptable a inspiré quasiment toutes les révolutions.

En 1848, une série de révolutions inspirées par une vision de l'égalité sociale et de la fraternité universelle a balayé l'Europe. On peut faire de nombreux parallèles entre leur échec et ce que les commentateurs occidentaux ont à tort nommé « le printemps arabe ».

Le mouvement est parti de Sicile en janvier 1848. Il s'est déployé en cascade à travers l'Europe, en mars et avril, du Danemark aux frontières de la Russie. La révolution s'est diffusée à travers des réseaux humains et le bouche-à-oreille aussi rapidement que ne l'a fait le printemps arabe à travers les réseaux sociaux et les médias commerciaux.

Comme les forces laïques ayant conduit le printemps arabe, celles des révolutions de 1848 ont manqué d'unité politique et de savoir-faire sur la façon de créer un nouvel ordre moral, sur lequel repose la réussite de chaque révolution.

Les élites réactionnaires, de concert avec l'Église, se sont engouffrées dans cette faille. Elles ont créé une nouvelle morale nationaliste ; elles ont déployé une panoplie quasi religieuse de drapeaux, de cérémonies, d'hymnes, de parades, sans parler d'une parenté imaginaire entre les hommes, des racines communes ancrées dans le sang, le sol, l'ethnie.

Cette nouvelle morale politique visait à écarter les paysans et les travailleurs de la tentation de briser, au nom de la fraternité universelle, les hiérarchies sociales et les frontières politiques. Elle visait à s'assurer de leur loyauté vis-à-vis des élites traditionnelles.

Anarchistes et bolchéviques

Le combat titanesque du XXe siècle qui opposa fascisme et communisme fait partie de cet héritage. Il est bien trop tôt pour dire quel sera l'héritage ultime de l'échec du printemps arabe.

La rivalité actuelle entre Al-Qaida et l'EI fait écho à celle qui a opposé les anarchistes et les socialistes libertaires aux bolcheviques. Le mouvement anarchiste, qui a pris son essor en Russie dans les années 1870, en opposition avec le pouvoir de l'État et du capital, s'est diffusé en Europe et jusqu'aux États-Unis. Entre 1881 et 1900, des assassins étroitement liés au mouvement anarchiste ont tué le tsar de Russie, le président français *[Sadi Carnot, NDLR]*, le Premier ministre espagnol, le roi d'Italie et l'impératrice d'Autriche. Qui plus est, en septembre 1901 l'anarchiste Leon Czolgosz a assassiné le président américain William McKinley.

Les grandes puissances considéraient alors que l'anarchisme représentait la menace principale pesant sur l'ordre politique et économique et sur la stabilité interne. L'Amérique a musclé le Service Secret (chargé de la protection des personnalités) et a fondé le FBI. Les naissances de Scotland Yard en Grande-Bretagne, d'Okhrana en Russie (ancêtre du NKVD et du KGB) ou de la Brigade des Renseignements généraux en France sont également largement liées à la menace anarchiste.

Face aux attaques anarchistes perpétrées contre les Parisiens dans les cafés bourgeois ou les théâtres, les responsables français et la presse populaire appelaient les Français à « rester vigilants » et « unis » pour combattre un fléau qui menaçait la civilisation elle-même. Les conséquences politiques (et en grande partie sociales et économiques) de cette première vague de la terreur moderne sont très comparables à celles ayant suivi les attentats du 11 septembre 2001. Teddy Roosevelt a fait de la défaite de l'anarchisme la mission numéro un de son gouvernement :

« Comparée à l'éradication de l'anarchie, toute autre question est insignifiante. L'anarchiste est l'ennemi de l'humanité, l'ennemi du genre humain ; et il atteint un degré de criminalité plus élevé que tout autre. »

Mais Roosevelt n'a pas réduit le combat contre le terrorisme aux seuls anarchistes. Il a élargi la guerre contre l'anarchie, se donnant pour mission impériale d'intervenir dans n'importe quel pays du monde afin de le défendre contre une puissance maléfique étrangère ou pour le protéger du chaos.

« L'injustice chronique ou l'impuissance qui résulte d'un relâchement général des règles de la société civilisée peut exiger, en fin de compte, en Amérique ou ailleurs, l'intervention d'une nation civilisée et [...] peut forcer les États-Unis, à contrecœur cependant, dans des cas flagrants d'injustice et d'impuissance, à exercer un pouvoir de police internationale. »

La guerre contre l'anarchie et la terreur a ainsi servi de prétexte pour réprimer brutalement la rébellion Moro, une insurrection ethnique musulmane contre la domination des États-Unis aux Philippines...

En dépit de la croyance politique et populaire, aucun « comité central anarchiste » n'a vraiment existé. Comme Al-Qaida, le mouvement anarchiste était largement décentralisé, composé de militants conduits par des gens bien éduqués et bien portants.

Ce qui a fini par tuer le mouvement anarchiste en tant que force géopolitique, ce fut l'apparition des bolchéviques qui, eux, savaient bien mieux gérer une ambition politique sur les plans opérationnel, militaire et territorial. Et qui étaient, globalement, bien plus brutaux.

Une série d'interviews récentes menées avec des combattants de Jabhat al-Nosra basés dans les régions syriennes d'Alep et de Dara montre clairement que, pour reprendre les mots d'un imam de l'EI interviewé en Jordanie, « Daech est en train de manger Al-Qaida » de la même manière que les bolchéviques avaient absorbé et pratiquement annihilé les anarchistes. Même les combattants d'al-Nosra partagent ce sentiment, concédant que Daech est mieux organisé, approvisionné, enraciné dans un territoire et qu'il hésite moins quand il s'agit de passer à l'action violente. Constat amer d'un combattant de al-Nosra :

« Daech nous a pris notre pouvoir, nos ressources financières, leurs médias sont plus puissants... Nous sommes comme un poisson sorti de l'eau. »

Nazisme et État islamique

Les opposants au Parti national-socialiste des travailleurs allemands (ou NSDAP) arguaient que les nazis n'étaient « ni un parti de travailleurs, ni un parti socialiste ». Aujourd'hui, on répète inlassablement que l'État islamique n'est « ni un État, ni islamique » et que nous entrons dans son jeu lorsque nous utilisons l'expression « État islamique ».

C'est l'inverse qui est vrai : croire qu'on puisse le délégitimer en refusant de l'appeler « État islamique » relève du contresens. Quel que soit le nom qu'on lui donne, une rose est ce qu'elle est, de même qu'un national-socialiste.

Il existe une connexion plus profonde entre le mouvement nazi et l'EI, que j'avais déjà notée il y a quelque temps. Dans la critique de *Mein Kampf* précitée, George Orwell avait dépeint ainsi l'essence du problème :

« Hitler sait que les êtres humains ne désirent pas seulement le confort, la sécurité, moins d'heures de travail et une meilleure santé... et en général du bon sens ; ils veulent aussi, au moins de façon intermittente, du combat et du sacrifice. »

« Alors que le socialisme et même le capitalisme – davantage à contrecœur – ont dit aux gens « Je vous offre du bon temps », Hitler leur a dit « Je vous offre la lutte, le danger et la mort » et le résultat a été qu'une nation entière se jeta à ses pieds. »

À effectif égal, l'armée allemande surpassait toutes les armées alliées. Dans la doctrine militaire classique, une perte d'environ 30 % dans une unité de combat conduit généralement à une complète désorganisation de celle-ci. Quand ce degré de destruction est confirmé, l'armée victorieuse a intérêt à changer de cible (ce fut, fondamentalement, la façon dont l'armée israélienne a mené la guerre des Six-Jours en 1967). Mais les unités allemandes, elles, pouvaient subir des pertes de plus de 50 % et voir leurs combattants continuer à se battre vaillamment, souvent en sachant qu'ils allaient mourir, pour défendre une cause en laquelle ils croyaient passionnément, aussi horrible fût-elle.

Des études socio-psychologiques* réalisées après la guerre montrent que le soldat allemand croyait à ce qu'il faisait ; il luttait à la fois pour une cause et pour ses camarades ; rien ne démontre en revanche que, dans les rangs alliés, les soldats se battaient pour la défense de la démocratie ou du communisme, malgré ce que la propagande hollywoodienne ou

* http://escholarship.org/uc/item/6n09f7gr

soviétique a pu montrer. Seule l'imposante puissance de feu américaine et les effectifs massifs soviétiques (plus de 20 millions d'hommes ont trouvé la mort) ont eu raison de l'armée allemande. Peut-être en finira-t-on de cette façon avec l'État islamique. En attendant, les moyens déployés pour casser cette dynamique révolutionnaire semblent faibles, et ce que les États-Unis vantent avec grandiloquence comme une « coalition anti-EI » est une toute petite chose, fragile, composée de pays-membres toujours prêts à poignarder le dos d'autres.

Pour affronter les grandes menaces internationales du XXe siècle, les États-Unis et leurs alliés ont eu recours à trois stratégies distinctes :

Ce furent d'abord les opérations de police, sur les plans intérieur ou international, pour répondre à la menace anarchiste. Les succès de cette stratégie, modestes et irréguliers, ont pris fin avec la montée d'un mouvement révolutionnaire plus puissant : le bolchevisme.

Seconde stratégie : une « guerre totale » a été engagée contre les puissances de l'Axe. Elle fut couronnée de succès grâce aux capacités productives massives des États-Unis, aux effectifs beaucoup plus nombreux des pays alliés, au fait que l'Axe avait des cibles industrielles faciles à viser, à des hiérarchies politiques qui pouvaient être détruites, et à des identités nationales fortes qui facilitaient la mobilisation et la reconstruction rapide, les systèmes de valeurs des pays vainqueurs étant certes différents, mais familiers.

Enfin, face au défi militaire et politique posé par l'Union soviétique et ses satellites, c'est une stratégie d'endiguement qui a été adoptée. Selon Paul Nitze, conseiller stratégique du président Truman, l'endiguement impliquait principalement des mesures militaires en vue « d'allumer de façon précise et vigilante des contre-feux sur une série de points géographiques et politiques en constante évolution, correspondant aux déplacements et aux manœuvres de la politique soviétique ».

Pour le successeur de Nitze, George Kennan, les contre-feux politiques étaient primordiaux. Ils impliquaient à la fois une assistance économique (par exemple le plan Marshall) et des actions de « guerre psychologique » (propagande et opérations secrètes) afin de stopper la propagation de l'influence soviétique, jusqu'au jour où les « contradictions internes » du système économique soviétique l'entraîneraient vers le gouffre. L'endiguement a semblé fonctionner, même si un débat considérable demeure quant à l'importance relative jouée par les différentes contre-mesures.

Pour affronter Al-Qaida puis l'EI, on a d'abord entendu des appels prônant des opérations de police, puis l'endiguement, enfin, nos dirigeants sont tentés par la guerre totale. Mais dans la lutte contre un archipel djihadiste global, la guerre totale n'a guère de chances de mieux réussir que les deux autres méthodes. Les conditions qui ont permis la victoire contre les pays de l'Axe au XXe siècle (une base industrielle forte, des identités nationales fortes, des valeurs similaires, etc.) ne sont pas du tout présentes dans la lutte contre l'EI. Ce dont nous avons besoin, c'est donc d'une nouvelle stratégie militaire, politique et psychologique, adaptée à la nature très particulière de la révolution de l'EI (des infrastructures dispersées, des allégeances tribales et religieuses, des valeurs très différentes, etc.).

Les États-Unis et leurs alliés peuvent encore opter pour les armes, avec toutes les conséquences imprévues pouvant résulter d'une guerre.

Mais quand bien même on détruirait l'EI sur son territoire principal, quand bien même on réussirait à casser sa croissance en Afrique sur des territoires couvrant des millions de km^2, son message pourrait encore en captiver beaucoup dans les générations à venir.

Donner de l'importance et de la légitimité aux très nombreux musulmans opposés à l'EI, y compris les islamistes qui rejettent la démocratie mais qui peuvent coexister avec les démocraties : voilà qui serait probablement un meilleur pari. Malheureusement il n'existe aujourd'hui rien, dans le monde musulman, qui soit de nature à concurrencer la voix et la force de l'EI et de ses affidés. Presque tout le monde s'est rangé pour ou contre l'EI ; et même si ceux qui sont contre l'emportent massivement, la très mauvaise publicité faite autour de l'EI l'emporte sur celle, quasi inexistante, pour l'autre camp.

Abnégation au nom d'une cause, fusion au sein d'un groupe

Bien sûr « les guerres se gagnent dans le monde matériel », constate Berger dans « The Atlantic » ; mais toutes choses égales par ailleurs, une adhésion spirituelle à la cause et aux camarades fournit un grand avantage. L'historien du XIVe siècle Ibn Khaldun l'avait déjà noté : en comparant les dynasties musulmanes en Afrique du Nord à d'autres puissances militaires de même ampleur, ce qui fait le succès des unes ou des autres « tient à la religion » et « à la cohésion du groupe

(« asabiyyah ») [dans laquelle] les désirs individuels s'unissent pour entrer en harmonie [de telle sorte que] fleurissent la coopération et le soutien mutuel ».

Dans des remarques prononcées en 2014, le président américain Barack Obama a appuyé par ces mots le jugement de son directeur du Renseignement national :

« Nous avons sous-estimé le Viet-Cong... Nous avons sous-estimé l'EI et nous avons surestimé la capacité de l'armée irakienne... Tout tient en fait à la volonté de se battre, ce qui est impossible à prévoir. » *

Nos recherches suggèrent l'inverse : il est parfaitement possible de prédire scientifiquement qui a la volonté de se battre et qui ne l'a pas, et pourquoi. Ainsi, à partir de nos récentes interviews et expérimentations

* http://wpo.st/tAMQ1

psychologiques menées sur les lignes de front tenues par les combattants kurdes des Peshmergas et du PKK *[Parti kurde des travailleurs, NDLR]* avec des combattants de l'EI capturés ainsi qu'avec des combattants de al-Nosra en Syrie, nous avons une bonne indication de la volonté de se battre. Deux facteurs principaux interagissent pour prédire la propension à faire des sacrifices coûteux (la prison, la mort, la souffrance des familles...).

Le premier facteur est l'abnégation d'un groupe qui poursuit une cause sacrée, par rapport à son ennemi. Ce peut être mesuré à travers des expérimentations comportementales et suivi par l'imagerie neuronale, afin de faire ressortir quatre éléments :

1. Le mépris des offres et incitations matérielles, que ce soit des carottes (propositions financières en échange d'une trahison de la cause) ou des bâtons (punitions pour défendre la cause). Ces méthodes ne fonctionnent pas et elles peuvent même aboutir à l'inverse du but recherché.

2. L'incapacité d'imaginer des stratégies pour se sortir de sa situation : ces personnes ne peuvent concevoir la possibilité d'abandonner leurs valeurs sacrées ou même de faire preuve de flexibilité par rapport à leur engagement à la cause.

3. L'imperméabilité à la pression sociale (les valeurs sacrées ne sont pas de simples normes) : ces personnes se moquent de savoir combien de gens s'opposent à leurs valeurs sacrées, ou si vous êtes proches d'eux ou pas sur d'autres sujets.

4. Insensibilité à « l'actualisation » (l'éloignement/la proximité) : dans la plupart des affaires de la vie quotidienne, plus une question ou un objet est proche (dans le temps ou l'espace), plus elle a d'importance. Mais sur les sujets liés aux valeurs sacrées, cette loi ne s'applique pas : ils ont la plus haute importance, quel que soit leur éloignement dans le temps et dans l'espace.

Le second facteur, pour prédire la volonté de se battre, est le degré de symbiose avec ses camarades.

Imaginez deux cercles : l'un représente « moi » ; l'autre, plus large, « le groupe ». Dans une expérimentation, nous avons demandé à des participants de choisir parmi cinq configurations possibles :

• dans le premier, « moi » et « le groupe » ne se touchent pas ;

• dans le second, ils se touchent ;

• dans le troisième, ils se superposent un peu ;

• dans le quatrième, ils se superposent à moitié ;

• dans le cinquième, le cercle « moi » est disposé à l'intérieur du cercle « le groupe ».

Les gens qui choisissent la cinquième disposition affichent des comportements et une façon de penser radicalement différents de ceux qui optent pour n'importe quelle autre disposition. Ils vivent ce que les psychologues sociaux appellent la « fusion d'identité », mêlant leur propre identité (« ce que je suis ») à une identité collective (« ce que nous sommes »). Une telle fusion totale conduit à la sensation d'invincibilité collective et à la volonté de chacun des individus du groupe de se sacrifier pour chacun des autres membres du groupe.

Il n'y a que parmi les Kurdes que nous avons trouvé * un tel engagement au service d'une cause sacrée – en l'occurrence celle de la « kurdéité » (c'est leur terme) – et une telle fusion avec les autres combattants.

Combattants locaux et combattants étrangers

Il existe également un lien entre la volonté de combattre et de se sacrifier et le sentiment de surpuissance physique sur le champ de bataille et, plus important, le sentiment de force spirituelle.

Mon groupe de recherche a découvert que les combattants de al-Nosra considèrent l'Iran (nom sous lequel ils désignent aussi le Hezbollah) comme le plus formidable ennemi

* http://www.nytimes.com/2015/03/16/opinion/the-kurds-heroic-stand-against-isis.html?_r=2

en Syrie, à la fois en termes de force physique et spirituelle, mais ils considèrent que l'EI les rattrape sur les deux tableaux. Ces combattants d'Al-Qaida jugent que les Américains sont moyennement impressionnants et que les armées syrienne et irakienne sont relativement faibles physiquement et sans aucune force spirituelle, et qu'elles sont donc un ennemi sans grande importance sur le long terme.

Pour être précis, tous ceux qui combattent dans les rangs de l'EI ne sont pas des dévots. Quand nous avons demandé à des combattants de l'EI prisonniers en Irak « Qu'est-ce que l'islam ? », ils répondaient « Ma vie ». Mais ils avaient très peu de connaissances sur le Coran ou les hadiths et aucune sur l'histoire de l'islam. Leur sens religieux était intégré à leur vision du Califat, qui tue ou soumet tout infidèle ; mais leur conversion n'était pas complète. Pour éviter une exécution par les Kurdes, la plupart étaient prêts à se rétracter.

Dans une conversation surprise par un talkie-walkie kurde, un combattant appelait à l'aide avec un accent local : « Mon frère a été tué, je suis encerclé. Aidez-moi à emporter son corps ! » La réponse : « Parfait, tu iras bientôt au paradis ! » Le combattant : « Venez me chercher. Le paradis, je n'en veux pas ! » L'EI exécute ceux qui reculent comme ceux qui essaient de fuir son territoire.

Localement, le soutien proposé par l'EI peut être soumis à des conditions, mais pas ses exigences. Les combattants de l'EI peuvent dire à un cheikh local « Donne-nous vingt jeunes gens ou nous pillons ton village ». À un père ayant trois fils, ils diront « Donne-nous-en un ou nous prendrons ta fille comme fiancée de nos hommes ». En mars dernier, nous avons appris qu'une adolescente de 15 ans avait été « mariée » et « divorcée » quinze fois pendant la même nuit passée avec une troupe de combattants de l'EI (selon certaines interprétations de la Charia, il suffit pour divorcer de répéter « Je divorce » trois fois, ce qui permet facilement de faire passer le viol pour un mariage).

Face à une telle brutalité, les partisans hésitants de l'EI peuvent être tentés de rejoindre une force arabe sunnite, alliée aux Kurdes. Par contraste, les combattants venus d'ailleurs restent droits dans leurs bottes, quoi qu'il arrive. Comme le dit le chef de la police de Kirkouk :

« Les combattants étrangers sont les plus dangereux et ceux qui ont le moins peur. Ils se battent pour gagner et ils se battent pour mourir. Ils croient à ce qu'ils font et ne se rendent pas. »

Un combattant de 25 ans de al-Nosra, qui avait d'abord rejoint l'EI avant de se lasser de « faire exploser des civils innocents », confirme les propos du chef de la police kurde sur les volontaires étrangers qui désirent plus que tout le combat et le sacrifice :

« Ado, je voulais juste jouer au foot et aux jeux vidéo. Je lisais des romans. En y repensant, il semble que mon esprit était trop occupé et distrait par des sujets conventionnels : étudier, avoir un bon métier, se faire des amis, s'amuser, fonder une famille. Le concept de djihad était un truc effrayant à cette époque, quelque chose qui évoquait le sacrifice, les épreuves, la voie sans retour. Puis je fus informé sur la notion de martyr (Shuhada)… Immédiatement, mon esprit a chassé l'image de deux armées s'affrontant sur un terrain plane et ouvert. Des guerriers brandissant leurs épées et chevauchant sur de magnifiques chevaux, mon esprit était envahi d'images de combats pour Allah et de martyr. Je n'avais jamais vraiment regardé la propagande djihadiste en ligne et j'étais si impatient d'aller en Syrie avec deux frères, qui venaient de Grande-Bretagne, pour débarrasser la société de ses nombreux vices et faire en sorte que la Terre retrouve un état de pureté, où régnerait la loi de Dieu, surpassant tout le reste ! J'étais jaloux des frères qui avaient été tués dans la lutte pour ouvrir la voie d'Allah. »

Le manuel de l'État islamique

La stratégie de base utilisée par l'État islamique pour attirer ses partisans et déstabiliser ses adversaires ne fait guère de mystère, même si rares sont les responsables politiques ou leurs conseillers qui semblent s'y intéresser. Son manifeste pour l'action, un vade-mecum distribué aux émirs de l'EI (responsables religieux, politiques et militaires), dépeint la gestion de la sauvagerie et du chaos. Il a été rédigé voilà plus d'une décennie, sous le pseudonyme d'Abou Bakr Naji et pour la branche mésopotamienne d'Al-Qaida – qui allait devenir l'EI. Les récents massacres à Paris, Ankara, Beyrouth, Bruxelles ou Bamako correspondent exactement à certains des axiomes du livre.

1. Frapper les cibles faciles : « Diversifier et élargir les frappes perturbatrices contre l'ennemi croisé-sioniste en tous lieux du monde musulman, et même en dehors si possible, afin de disperser les efforts de l'alliance ennemie et ainsi l'épuiser au maximum. »

2. Frapper quand les victimes potentielles ont baissé la garde afin de maximiser la peur dans les populations et d'affaiblir leurs économies : « Si une station touristique où se rendent les croisés [...] est frappée, toutes les stations touristiques dans tous les États du monde devront être protégées par l'envoi de renforts armés, deux fois plus importants qu'en temps normal, et par une énorme hausse des dépenses. »

3. Canaliser la propension à se rebeller de la jeunesse, leur énergie et leur idéalisme et leur aspiration au sacrifice, pendant que les imbéciles les incitent à la modération et les détournent du risque : « Inciter des groupes issus des masses à partir vers les régions dont nous avons le contrôle, en particulier les jeunes... [car] les jeunes d'une nation sont plus proches de la nature innée [de l'homme] du fait de la rébellion qui est en eux et que les groupes musulmans inertes [ne cherchent qu'à réprimer].

4. Entraîner l'Occident aussi profondément et activement que possible dans le bourbier

de la guerre : « Dévoilez la faiblesse du pouvoir centralisé de l'Amérique en poussant ce pays à renoncer à la guerre psychologique médiatique et à la guerre par personne interposée, jusqu'à ce qu'ils se battent directement. » Idem pour les alliés de l'Amérique.

« L'extinction de la zone grise »

« L'extinction de la zone grise » est un article de douze pages publié au début de l'année 2015 par le magazine en ligne de Daech, *Dabiq*. Il décrit la zone occupée par la plupart des musulmans, entre lumière et obscurité, entre le bien et le mal, autrement dit entre le Califat et le monde des infidèles (une zone que « les saintes opérations du 11 septembre 2001 » ont mise en évidence).

L'article cite Oussama Ben Laden, dont l'EI prétend être le véritable héritier. « Le monde est aujourd'hui divisé en deux. Bush avait raison de dire « Soit vous êtes avec nous, soit vous êtes avec les terroristes », même si les vrais terroristes sont les croisés occidentaux.

L'heure est maintenant arrivée de produire un nouvel événement propre à diviser le monde et à détruire la zone grise. »

Cet événement a pris la forme des attentats du 13 novembre à Paris visant à créer le chaos en Europe, de même que les attaques en Turquie et au Liban avaient pour but d'introduire plus de sauvagerie au Moyen-Orient.

L'accueil généreux de réfugiés syriens représenterait une réponse efficace à cette stratégie ; à l'inverse, le rejet général des réfugiés est une réponse perdante. Nous aurions intérêt à célébrer la diversité et la tolérance dans la « zone grise » ; mais la tendance générale en Europe, parmi l'élite politique comme dans la population, est de s'entendre pour la détruire.

En Europe, la montée de l'islam radical a coïncidé avec une poussée des mouvements xénophobes et nationalistes. Les deux phénomènes participent partiellement du faible taux de natalité en Europe (1,6 enfant par couple), ce qui crée un besoin d'immigration afin de maintenir une force de travail et un bon niveau de vie pour la classe moyenne, pilier de toute démocratie libérale. À une époque où jamais l'immigration n'a été aussi mal tolérée, le besoin d'immigrés se fait sans cesse sentir.

Dans les régions que l'EI contrôle ou dans celles qui leur sont adjacentes, les populations ne soutiennent ni l'EI, ni l'Occident (et maintenant la Russie). Ce ne sont pas des fanatiques ou des guerriers, et elles ne tiennent pas à mourir en martyrs. L'EI le sait et pousse ses ennemis à attaquer la population des centres urbains qu'elle contrôle. Il y a de toute façon très peu d'infrastructures à cibler : le régime est semi-nomade, sans frontière fixe, et l'EI déplace sans cesse son matériel militaire très mobile et ses troupes.

Ce sont donc surtout les populations locales qui souffrent. S'ils avaient pu, bon nombre de gens auraient fui à la fois l'EI et les bombes de ses ennemis mais ils sont coincés et ils dépendent, pour leur protection, de la bannière noire. Au moindre signe indiquant qu'ils puissent se trouver dans la « zone grise », ils sont punis de mort. Mais l'histoire montre que les bombardements aériens durcissent l'opinion des populations contre les pays qui bombardent, quel que soit le régime général dans lequel ils vivent.

En Syrie et dans une grande partie de l'Irak, il n'y a presque plus de « zone grise », surtout pour des jeunes arrachés à leurs foyers soit pour être enrôlés de force dans tel ou tel groupe de combattants, soit pour se transformer en réfugiés et s'exiler vers les limbes.

Illusions sur la mort prochaine de l'EI

En Occident, la perspective de la mort imminente de l'EI a été survendue. L'EI, a-t-on expliqué, est destiné à tomber de lui-même, en partie parce qu'il règne sur « une nation désespérément pauvre cherchant à se battre sur trois fronts » et en partie parce qu'il a une « approche idéologique nocive de la gouvernance » – pour reprendre les mots de deux universitaires, dans un article publié par *Politico**.

* http://www.politico.com/magazine/story/2015/11/whyisil-will-fail-on-its-own-213401

À l'appui de leur démonstration, les auteurs (Eli Berman, économiste à l'université de San Diego, et Jacob Shapiro, politiste à l'université de Princeton) évoquent la destinée maudite de l'État du Zimbabwe et l'effondrement de l'Union soviétique.

Toutefois, les précédents historiques et les constats actuels sur le terrain ne plaident pas en faveur de leur analyse. La pauvreté, les guerres sur plusieurs fronts, les idéologies extrêmes et dogmatiques peuvent aussi conduire au triomphe d'une révolution ou, au moins, à sa grande résistance, comme la Révolution française ou la République islamique d'Iran en ont donné l'exemple. Les deux auteurs n'ont peut-être pas tort de dire que l'EI est au djihadisme ce que l'URSS était au communisme, mais avant que les contradictions internes à l'EI ne le mènent aux « poubelles de l'histoire », des flots de douleur peuvent couler sous les ponts… Et avant que la flamme révolutionnaire ne s'éteigne, elle peut causer maints dégâts sur son passage et bouleverser non seulement la région, mais une bonne partie du monde.

Les attaques du 11 septembre 2001 ont coûté entre 400 000 et 500 000 dollars, alors que la réponse sécuritaire et militaire organisée par les seuls États-Unis a coûté 10 millions de fois ce montant*. Selon un strict calcul coût/bénéfice, ces attentats ont donc été couronnés de succès, au-delà de tout ce que pouvait espérer Ben Laden. On a là une idée de l'importance que peut revêtir la guerre asymétrique de type jiu-jitsu. Qui peut prétendre que nous nous trouvons dans une meilleure situation qu'avant le 11 septembre 2001, ou que le danger mondial a baissé ? Ce seul exemple devrait nous inciter à changer radicalement d'approche dans notre réponse aux attaques de l'EI. En fait, de même que selon la définition proverbiale « la folie, c'est de répéter les mêmes erreurs et d'espérer des résultats différents », notre camp continue de se concentrer presque exclusivement sur la sécurité et les

* http://watson.brown.edu/costsofwar/

réponses militaires. Certaines de ces réponses se sont avérées d'emblée complètement inefficaces, comme celles qui s'appuyaient sur les armées irakienne et afghane ou sur l'Armée syrienne libre.

Par contraste, nous accordons bien trop peu d'attention aux questions psychologiques et sociales.

70 000 comptes Twitter et Facebook

La recherche montre également que la plupart de ceux qui, à l'origine, ont rejoint Al-Qaida étaient mariés, et qu'un mariage ne semble pas avoir un effet dissuasif sur ceux qui veulent s'engager pour défendre l'EI. Parmi les cadres de ces groupes, nombreux sont ceux qui ont suivi des études supérieures, surtout dans des domaines scientifiques tels que l'ingénierie et de la médecine, où il faut faire preuve d'une grande discipline et accepter de voir différée la gratification de ses efforts. Depuis les anarchistes, la plupart des leaders des mouvements d'insurgés ou de révolutionnaires ont suivi ce genre de formation.

Ce n'est pas en offrant de meilleurs jobs aux djihadistes potentiels que nous résoudrons les problèmes. Un rapport de la Banque mondiale, qui n'a pas été publié par peur de provoquer le mécontentement des gouvernements clients, montre qu'il n'existe aucune corrélation significative entre le nombre d'emplois offerts et la réduction de la violence. Si certains sont prêts à sacrifier leur vie, il y a peu de chances qu'ils en soient dissuadés par des avantages matériels.

En revanche, nous devons répondre à leurs besoins psychologiques et à leurs aspirations.

Exemple de la façon dont nous échouons : le Département d'État américain continue, sans les cibler, à poster des tweets anti-EI à travers une campagne inefficace : « Think Again, Turn Away » (« Réfléchissez, n'y allez pas »). Que l'on compare maintenant ces méthodes à celles de l'EI, dont les militants peuvent consacrer des centaines d'heures à enrôler un seul individu !

À travers ses réseaux sociaux, l'État islamique apprend comment les ressentiments peuvent s'inscrire dans le thème universel de la persécution contre des musulmans, puis traduire cette colère et ces insatisfactions en scandale moral. Certains estiment que l'EI a ouvert 70 000 comptes Twitter et Facebook avec des centaines de milliers de *followers*, et qu'il envoie environ 90 000 posts chaque jour*. L'EI accorde également une attention soutenue aux chansons de variété, aux clips vidéo, aux films d'action et aux émissions de télévision les plus populaires chez les jeunes et il les utilise pour ciseler ses propres messages.

De son côté, le gouvernement américain a très peu d'agents chargés de discuter avec les jeunes avant qu'ils ne deviennent des problèmes. Le FBI est pressé de sortir du sale boulot que représente la prévention. Il préfère s'en tenir aux enquêtes criminelles. « Personne ne veut se charger de tout cela »,

* http://www.brookings.edu/~/media/research/files/papers/2015/10/combating-isis-propaganda-fernandez/is-propaganda_web_english_v2.pdf

nous a dit un groupe d'agents du US National Counterterrorism Center.

Et ceux qui s'occupent de « diplomatie publique » ne comprennent pas combien leurs classiques appels à la « modération » tombent à plat parce qu'ils s'adressent à des jeunes gens agités, idéalistes, assoiffés d'aventure, de gloire et de sens. Comme nous le disaient un imam et ancien compagnon de l'EI, en Jordanie :

« Il ne fallait pas sermonner les jeunes qui venaient vers nous comme s'il s'agissait d'enfants écervelés. Ce sont généralement des jeunes capables de réflexion et de compassion, mais qui sont mal guidés. Nous devons leur délivrer un meilleur message mais un message positif, capable de tenir la concurrence. À défaut de quoi on perdra ces jeunes, qui tomberont chez Daech. »

Les approches locales, initiées par des gens sur le terrain, ont de bien meilleures chances d'écarter ces jeunes du chemin les menant vers l'EI. Les « United Network of Young Peacebuilders », par exemple, ont obtenu des résultats remarquables lorsqu'il s'agissait de convaincre de jeunes talibans au Pakistan que leurs ennemis pouvaient être des amis, et d'encourager ceux qui étaient convaincus à en convaincre d'autres.

Le silence des intellectuels

Ces initiatives sont insuffisantes pour faire pièce aux actions ambitieuses engagées par l'État islamique, en direction des jeunes de 90 nations, et qui visent presque tous les domaines de leur vie. Les succès de ces ONG doivent être partagés avec le gouvernement, qui doit en faciliter le bouillonnement. À ce stade, aucune initiative de ce type n'est engagée et les jeunes ayant de bonnes idées disposent de très peu de canaux pour les développer.

Même si des initiatives issues de la jeunesse parviennent à émerger et à obtenir un soutien institutionnel pour leur mise en œuvre, cela ne suffit pas : elles ont besoin d'un relais intellectuel afin de s'imposer dans le public. Mais où sont les intellectuels prêts à jouer ce rôle? Des responsables musulmans que j'ai interrogés tout autour du monde font des présentations PowerPoint pour broder sur « l'importance de l'idéologie, des ressentiments, et de la dynamique de groupe »: autant de notions imaginées par des « experts en terrorisme » et des think-tanks occidentaux. Quand je leur demande « Quelles idées viennent de votre propre peuple? », j'ai droit à des réponses pleines de candeur comme celle entendue récemment à Singapour: « Nous n'avons pas beaucoup de nouvelles idées et nous n'arrivons pas à nous entendre sur celles que nous avons. »

Où sont, au sein de la génération actuelle ou à venir, les intellectuels susceptibles d'avoir un impact sur nos principes moraux, nos motivations, et sur les actions de la société qui permettraient de sortir du bourbier? Dans le monde universitaire et de la recherche, quelques-uns sont certes prêts à s'engager, mais ils ruinent leur légitimité de façon irresponsable en laissant le champ politique entièrement à ceux qu'ils critiquent. En conséquence de quoi les politiciens ne leur accordent qu'une très faible attention, et le public s'en détourne.

Par exemple, juste après les attaques du 11 septembre 2001, beaucoup de chercheurs dans mon champ, l'anthropologie, ont passé leur temps à faire la critique de l'empire : est-ce que les États-Unis sont un empire classique ou un « empire light » ? On peut considérer cela comme un exercice académique intéressant, et peut-être une réflexion utile sur le long terme, mais il était très peu utile dans le contexte d'un pays qui s'engageait à marche forcée vers une guerre sans limite, avec son inévitable cortège d'angoisses et de souffrances.

Autrefois l'intervention dans le champ politique d'intellectuels responsables était une part vibrante de notre vie publique. Pas pour promouvoir une action « certaine, claire et forte », comme l'avait écrit Martin Heidegger en soutien de Hitler mais pour imaginer des voies et des scénarios raisonnables, dignes d'examen. Aujourd'hui, ce champ a été abandonné à des prêcheurs manichéens et à des blogueurs, animateurs radio et autres apôtres télévisuels. Ces gens font rarement le travail en profondeur auquel les intellectuels devraient se consacrer.

« L'intellectuel », écrivait Raymond Aron il y a 60 ans, « s'efforce de n'oublier jamais ni les arguments de l'adversaire, ni l'incertitude de l'avenir, ni les torts de ses amis, ni la fraternité secrète des combattants. »

Les civilisations s'élèvent ou s'effondrent selon la vitalité de leurs idéaux culturels, pas seulement selon le poids de leurs actifs matériels.

L'histoire nous apprend que la plupart des sociétés cultivent des valeurs sacrées pour lesquelles leurs peuples sont prêts à se battre passionnément, à risquer des pertes sérieuses et même la mort, sans faire de compromis.

Notre recherche le suggère : il en est souvent ainsi pour ceux qui se joignent à l'EI, et pour de nombreux Kurdes qui s'opposent à lui sur les lignes de front. Mais jusqu'à présent, nous ne trouvons aucune volonté comparable chez la majorité des jeunes dans les démocraties occidentales. Avec la défaite du fascisme et du communisme, la recherche de confort et de sécurité ne paraît pas suffire à combler leur vie. Alors suffit-elle à assurer la survie – à défaut du triomphe – des valeurs que nous pensons acquises et sur lesquelles nous avons la conviction que le monde est fondé ? Davantage que la menace que font peser les djihadistes, ces questions représentent le principal problème existentiel de nos sociétés ouvertes.

NOTES DE TERRAIN

La bataille de Kudilah

Scott Atran

(Erbil, Iraq, février/mars 2016)

« Ô Prophète, incite les croyants au combat. S'il se trouve parmi vous vingt endurants, ils vaincront deux cents mécréants ; et s'il s'en trouve cent, ils en vaincront un millier. »

Le Coran 8:65

« L'État islamique perdure et croît. Nous vous décapiterons, vous les infidèles et les apostats. » (ad-Dawla al-Islamiyah baqiyah wa tatamaddad! Sanadhbah-kum antum kufar wa murtadin !)

Cri de guerre de l'État islamique
lors de la bataille de Kudilah

Je me suis rendu avec mon équipe sur le terrain irakien pour mener des travaux de recherche qui puissent déboucher sur des applications politiques[1]. Le principe étant d'éviter les anecdotes peu fiables, les intuitions, les sensations, l'adhésion aux opinions d'autres, mais au contraire d'essayer de comprendre les défis posés par l'Etat islamique, et d'agir en fonction.

Je n'ai aucune illusion sur le fait que le raisonnement basé sur des faits et sur la recherche de vérité a hélas une influence bien moins grande sur la politique que les préjugés, la pression pour agir précipitamment, le désir de clamer une franche victoire. Mais je crois néanmoins que le raisonnement fondé sur des éléments empiriques solides doit pouvoir éclairer la politique afin de l'amener à réduire la violence des conflits[2].

Ici, dans le nord de l'Irak, mon objectif était d'étudier la «volonté de se battre» des différents participants à une petite mais intense bataille opposant, à Kudilah, l'Etat islamique à des tribus arabes sunnites alliés à des Kurdes de l'armée irakienne nationale et à des Peshmergas du Gouvernement régional kurde.

Des conseillers américains et des contractants avaient planifié la bataille avec l'idée, en partie, de tester les capacités de la coalition de ces différentes forces, dans le cadre des préparatifs de reconquête de Mossoul, la plus grande ville occupée par l'EI, à une centaine de kilomètres de là.

La bataille de Kudilah fournit un riche matériau pour nos recherches sur «la volonté de se battre», celle-là même que le président Obama et son directeur national du renseignement, James Clapper, ont considéré comme une donnée « impondérable » * : c'est ainsi qu'ils ont expliqué les raisons pour lesquelles ils avaient surestimé la capacité des forces irakiennes face à l'Etat islamique, et sous-estimé la capacité de résistance de ce dernier.

Mais ce n'est ni cette bataille de Kudilah, ni la récente prise du mont Sinjar, ni encore les travaux d'aiguille assez ambigus menés par les forces américaines que je cherche à comprendre en tant que tels, mais les forces motrices pour et contre l'Etat islamique. Qu'est-ce qui fait le lien entre les attentats de Paris et cette bataille au nord de l'Irak, qui s'est révélée, de l'avis général de ceux qui y ont pris part (peshmergas, armée irakienne, combattants arabes sunnites) la plus féroce qu'ils aient jamais connue dans leur vie ?

Qu'ils aient rejoint le champ de bataille sur un front de plus de 3000 km entre l'Irak et la Syrie, ou qu'ils aient participé à la cinquantaine d'attaques terroristes menées dans plus

* *Cf.* p. 66.

de 20 pays depuis que l'EI a pris Mossoul et s'est autoproclamé Califat, pourquoi tant de jeunes gens ont-ils quitté leur foyer et leur famille ? Pourquoi sont-ils partis endurer épreuves et douleur, pour tuer autant de non-croyants que possible ?

17 février 2016. Aujourd'hui, le village de Rwala, où nous avions mené l'an dernier une étude de terrain avec les forces peshmergas kurdes, a été frappé par une attaque au chlore qui a causé trois blessés graves. Nous étions heureusement loin de là, à Aliawa, à environ 50 km de Kirkouk et à 100 km de Mossoul. Aliawa a été frappée l'an dernier par 48 roquettes Katioucha transportant du gaz moutarde.

Quinze jours plus tôt, une bataille assez violente a été lancée depuis Burj, l'autre avant-poste sur le front où nous avions mené notre enquête de terrain en 2015. Le village de Kudilah a été d'abord pris par la coalition formée par les peshmergas, l'armée irakienne et une force tribale arabe sunnite ; deux jours plus tard, il a été repris par l'EI.

Kudilah était une relativement « petite » bataille (pas plus de 600 ou 700 combattants au total), avec pour enjeu un relativement petit village (environ 150 maisons) : c'est à peine si elle eut droit à quelques mentions dans la presse internationale – et encore, seule la victoire initiale remportée sur l'EI a été signalée. Pourtant, elle illustre de façon exemplaire la faiblesse de la coordination et de la détermination de la coalition face à des combattants de l'EI prêts à tout.

Dans cette bataille, la détermination des combattants kurdes était la seule soutenant la comparaison avec celle des djihadistes de l'EI.

Bien sûr, parmi ceux qui combattent l'EI, toutes les conversations portent sur les préparatifs d'une reconquête de Mossoul. En attendant, ce que nous apprend la « petite » bataille de Kudilah c'est que la coalition est encore loin, très loin, de coordonner efficacement une telle opération à grande échelle.

Prélude à la bataille

Début août 2014, les forces de l'EI sont parties de positions situées au sud-est de Mossoul, elles ont traversé le Tigre pour rejoindre les deux localités de Makhmour et de Gwer. L'EI était alors arrivé à un jet de pierre d'Erbil, la capitale du Gouvernement régional kurde d'Irak (GRK), ce quasi-État établi en 1992, qui a pu échapper au contrôle de Saddam Hussein grâce à la zone d'exclusion aérienne imposée par les Américains après la première guerre du Golfe.

Une partie des quelques 500 000 habitants d'Erbil a commencé à fuir la ville, conscients de la rapidité avec laquelle, en juin, l'EI avait pris Mossoul, deuxième plus grande ville d'Irak, en dépit de son infériorité numérique (plus de 5 contre 1) et face à une armée irakienne entraînée par les États-Unis.

Ce qui effrayait encore plus les Kurdes et les chrétiens d'Erbil, c'était les récits qu'ils entendaient à propos de l'encerclement en cours du mont Sinjar par l'EI, au cours duquel les forces peshmergas tant vantées avaient abandonné le terrain. Ces véritables héros locaux avaient laissé les combattants de l'EI libres d'exterminer tous les hommes yézidis qu'ils pouvaient trouver (ils les fusillèrent, les décapitèrent, les brûlèrent vifs, les écartelèrent entre deux voitures…) et de transformer les femmes en esclaves sexuelles, pendant que les enfants et les personnes âgées ayant fui dans la montagne mouraient par centaines, de déshydratation.

À un moment donné *[en août 2014, NDT]*, le président du GRK, Massoud Barzani, qui dirige également les forces peshmergas, a informé le commandement central des forces américaines que la chute du Kurdistan irakien – voire de l'ensemble de l'Irak – n'était plus qu'une question d'heures. Barack Obama, tiré d'un restaurant de Washington DC où il dînait avec sa femme, a été informé de la situation : si l'aviation américaine n'entrait pas immédiatement en action, l'ensemble de la région risquait d'être perdu.

Les seuls à prendre l'offensive étaient alors les Kurdes turcs du PKK, parti marxiste-léniniste (en quelque sorte) figurant sur la liste américaine des organisations terroristes et les Kurdes de la filiale syrienne de ce parti, les YPG. Le PKK avait réussi à avancer sur la ligne de front près de Makhmour ; les YPG se frayaient un étroit corridor à travers les lignes de l'EI, depuis la frontière turco-syrienne jusqu'au mont Sinjar, dans un effort héroïque visant à libérer les Yézidis assiégés.

Lorsque notre équipe de recherche était arrivée en Irak en février 2015, Makhmour et Gwer étaient retombées sous contrôle kurde. Le front s'était stabilisé à quelques kilomètres à l'ouest, grâce à l'appui des aviations américaine et française. Cette couverture aérienne avait permis aux peshmergas – qui avaient été, avant la création du GRK, une formidable force combattante en milieu montagneux mais qui, dans l'intervalle, étaient devenus une force largement inactive – de s'adapter à des conditions de combat nouvelles pour eux

– les plaines de Mésopotamie – et de réaffirmer leur esprit de lutte.

De nombreux peshmergas que nous avions alors interviewés et soumis à nos tests mesurant la « volonté de se battre » avaient été blessés, certains à plusieurs reprises. Parmi eux et en première ligne se trouvaient des combattants handicapés, parfois amputés, ou encore des anciens qui avaient rejoint les peshmergas dans les années 1950. Ils étaient à l'évidence prêts à mourir pour une idée qu'ils appelaient la « kurdéité », et pour les frontières du Kurdistan qui la protégeaient. Sur la frontière avec l'EI, les Kurdes étaient devenus les sentinelles les plus efficaces, et de loin.

Lors de notre seconde visite en février 2016, le mont Sinjar et ses environs étaient passés presque entièrement sous contrôle kurde grâce à l'effort combiné des peshmergas, du PKK, de YPG et d'une milice yézidi récemment formée. Les forces kurdes semblaient sur le point de se consacrer à la reconquête de Mossoul.

Ensemble, aux côtés des unités de l'armée irakienne composées de Kurdes, de Sunnites arabes et de Chiites, ils avaient établi leurs camps près de Makhmour et de Gwer. De là, ils espéraient pouvoir avancer sur Mossoul tout en coupant la retraite de l'EI défait à Sinjar, le mont qui domine la route principale entre Mossoul et Raqqa, capitale de l'EI, au bord de l'Euphrate.

Notre seconde visite sur le front de Makhmour a lieu deux semaines après la bataille de Kudilah, soit à environ 2,5 km de Burj, poste avancé de l'armée irakienne, principalement tenu par d'anciens peshmergas. Nous y avions déjà conduit des interviews et des expériences. Des conseillers et des contractants militaires américains, plus une poignée de soldats allemands, avaient établi le plan de bataille avec l'aide de cheikhs de tribus arabes sunnites dont les terres avaient été saisies par l'EI. Avec des canons de calibre 57 mm postés sur les hauteurs de Kudilah, n'importe quelle force dominait le « choke-point » (point de passage stratégique) situé sur la route entre

Makhmour et le Tigre, seule voie d'approvisionnement possible pour des dizaines de villages tenus par l'EI dans le secteur.

Les cheikhs ont assuré les Américains que s'ils étaient épaulés par la puissance de l'US Air Force, ils pouvaient prendre et tenir Kudilah et peut-être même avancer jusqu'au Tigre.

Basés au centre militaire de Makhmour (surnommé le « camp Coca-Cola »), les Américains ont émis le souhait que les peshmergas et les Kurdes de l'armée irakienne soient chargés de protéger l'avant-poste et d'autres sites à l'arrière. Ils entendaient montrer que l'année de formation prodiguée aux tribus arabes sunnites avait été utile, et que lorsque viendrait le moment de reprendre la ville de Mossoul et sa région (elles-mêmes majoritairement sunnites), ces tribus hostiles à l'EI seraient capables d'agir avec assurance.

Il n'y avait que des militaires américains de niveau intermédiaire sur place et des contractants d'entreprises privées à but lucratif peu familiers avec la culture locale et ce terrain particulier. Mais visiblement, tout cela n'a pas été considéré comme un problème. Il est vrai que certains formateurs américains ont déjà entraîné des tribus d'Afghanistan, mais les plaines mésopotamiennes n'ont pas grand-chose à voir avec les montagnes escarpées afghanes.

Les cheikhs locaux ne cherchaient qu'une chose : montrer qu'ils étaient capables de reprendre leur village à l'EI, quand bien même de nombreuses personnes de ce village ou de leur tribu combattaient aux côtés dudit EI.

Et de fait, les interviews que nous avons menées ont clairement établi que ces cheikhs, à l'instar de la très grande majorité des membres des tribus arabes sunnites, avaient initialement applaudi l'arrivée de l'EI. Ils le considéraient comme un mouvement révolutionnaire qui entendait reprendre Bagdad aux chiites. Mais ce soutien, parmi l'élite de ces cheikhs, s'est détérioré lorsqu'ils ont vu l'EI confisquer le pouvoir qu'ils exerçaient, saisir leur propriété et prendre la vie de tous ceux qui émettaient des objections.

D'anciennes jalousies ou haines villageoises se sont alors muées en combat, chacun choisissant son camp : pour ou contre l'EI. Les villages se sont déchirés, des amis et parents se dressant les uns contre les autres. L'EI multipliant les meurtres et les vols, cette querelle d'allégeance s'est transformée en conflit moral plus profond – un conflit à mort.

Récit d'un cheikh arabe sunnite ayant combattu à Kudilah : « L'EI a demandé à mes amis de me téléphoner depuis ma ville *[Shargat]* pour me demander de revenir et de travailler pour la Révolution, parce qu'elle avait besoin d'un chef jouissant de la confiance des gens. Mais je savais, par d'autres amis, que le plan consistait en réalité à me tuer. »

Dès le départ, les peshmergas et les forces de l'armée irakienne se montraient sceptiques sur la pertinence des plans américains et particulièrement sur la capacité des cheikhs à remplir le rôle qui leur était assigné. Mais du simple soldat au responsable gouvernemental, tous les Kurdes nous ont expliqué qu'ils n'avaient aucunement l'intention d'avancer dans les territoires arabes sunnites au-delà de ce qu'ils considèrent comme les limites naturelles du Kurdistan (celles-ci suivent plus ou moins la ligne de front actuelle, marquée par un mur de boue et un fossé, et elle court sur 1 050 km, au nord de l'Irak, depuis la Syrie vers l'Iran).

S'il s'agissait de mener des offensives pour reprendre les terres arabes sunnites, les Kurdes étaient prêts à donner un coup de main, mais pas à diriger des opérations et encore moins à prendre racine.

La bataille de Kudilah

La bataille de Kudilah a commencé dans la brume, tôt le matin du 3 février : appuyés par des bombardements de l'aviation américaine, 120 à 150 Arabes sunnites appartenant aux mêmes tribus ont avancé vers le village, pour affronter 90 à 100 combattants retranchés de l'EI. Ces derniers étaient divisés en trois groupes d'une trentaine, d'après les listes des noms et des armements retrouvés sur le cadavre d'un des commandants de l'EI.

Mais les assaillants ont été arrêtés à quelques centaines de mètres de Kudilah, par des engins explosifs improvisés (EEI) : ils ont dû reculer. Une unité de l'armée irakienne appelée « le Groupe de feu », placée sous le commandement du major Amin, a alors commencé à progresser vers Kudilah à partir de l'avant-poste de Burj : 40 hommes répartis dans 7 véhicules (un véhicule de combat Badger, 4 hummers, 2 Jeeps), suivis de près de 200 peshmergas dans une colonne comportant 2 Badgers et quelque 20 hummers (confisqués à l'EI, qui les avait déjà saisis, avec environ 1 600 autres hummers américains, à l'armée irakienne).

L'EI a alors lancé quatre voitures piégées, quatre opérations suicides visant à stopper l'avancée des assaillants. Les avions de la coalition en ont neutralisé deux ; un Milan (Missile antichar de fabrication franco-allemande) en a touché une troisième ; la dernière a explosé avant d'atteindre sa cible.

Les peshmergas ont pris le contrôle du village à midi avant de se retirer à l'arrière, cédant la place aux Arabes sunnites qui se sont déployés dans les rues. Toutefois, les forces du major Amin sont restées toute la nuit dans les environs, occupées à désamorcer quelque 80 EEI afin de sécuriser la route entre Kudilah et l'avant-poste Burj.

Le lendemain soir entre 21 et 22 heures, l'EI a lancé une contre-attaque menée par des « inghamasi » (littéralement, « ceux qui plongent ») : des combattants portant des gilets explosifs, que l'EI envoie souvent au front au début des attaques. Selon certains témoignages, ils étaient jusqu'à 17. Ils ont tué ou blessé plusieurs Arabes sunnites avant de prendre le contrôle de l'un des deux postes sur les hauteurs de Kudilah. Un des kamikazes, par la suite identifié par la propagande de l'EI comme étant Mohammed Lahaibi, s'est fait exploser dans une étreinte avec un soldat de la coalition. Il était de la même tribu que l'un des cheikhs ayant mené l'attaque initiale contre Kudilah.

Lorsque, non loin de là, les hommes du major Amin ont vu un pick-up tous feux éteints approcher en provenance de Kudilah, ils l'ont pris pour un SVBIED (*Suicide Véhicule Borne Improvised Explosive Device*, véhicule suicide) ; ils ont réalisé au dernier moment qu'il s'agissait de la voiture d'un cheikh, qui transportait un mort et deux blessés graves. « Le cheikh était déboussolé », a raconté Amin, « il était effrayé à l'idée que l'EI allait le décapiter mais je l'ai calmé et nous sommes retournés avec mes hommes aux trois maisons *[le second poste dominant Kudilah]*. »

L'EI s'apprêtait alors à occuper la majeure partie du village, à l'exception de la porte ouvrant sur la route de Burj et du poste des trois maisons. Les forces arabes sunnites s'étaient retirées. Les peshmergas sont retournés dans le village : vers 23 h 30, ils avaient repris le dessus et un calme relatif était revenu.

Un chef peshmerga a escorté la presse locale, la radio et la télévision à Kudilah, afin qu'ils puissent constater la « victoire ». Il a expliqué que ni les Arabes sunnites ni les unités de l'armée irakienne n'étaient en mesure de tenir le village, du fait de leur « manque d'expérience ». Des propos qui ont chagriné les Arabes et mis en colère les Kurdes de l'armée irakienne. « Nous étions morts de fatigue, après les combats », a déclaré l'un des hommes d'Amin, « nous ne nous étions pas souciés de la presse : tout ce que nous voulions faire c'était nous reposer, le dos contre le mur. Mon frère m'a téléphoné pour m'informer de ce qu'il avait entendu aux nouvelles. J'étais furieux. »

Sous cette bataille contre l'EI affleuraient d'autres conflits peut-être plus inquiétants encore : ceux qui étaient internes à la coalition. On a vu ressurgir des querelles historiques, les ambitions rivales, des accusations de lâcheté, chacune des trois grandes forces (armée irakienne, peshmergas, tribus sunnites) ayant l'impression d'être trahie par les deux autres… S'est aussi ravivé un conflit d'identité entre les Kurdes de l'armée irakienne et les peshmergas du Gouvernement régional du Kurdistan : « Faudrait savoir, sommes-nous oui ou non l'armée irakienne ou des peshmergas ? », a crié Amin le lendemain à un peshmerga du GRK[3].

Lorsque les peshmergas se sont mis à communiquer dans la presse, les unités de l'armée irakienne ont décidé de se retirer. L'EI a saisi l'occasion pour lancer une attaque musclée à partir de deux villages voisins, le 5 février aux alentours de minuit trente. Les peshmergas ont tenté de la contrer mais ils ont été stoppés près de l'entrée du village par d'intenses tirs de mortiers, lance-roquettes, Doshka (mitrailleuse lourde soviétique) et fusils. Le major Amin, qui n'avait pas encore quitté le village, a rapporté la situation au général Sirwan Barzani, commandant général des forces peshmergas dans la région de Gwer-Makhmour : « Je vous demande de retourner et d'essayer de tenir », lui a répondu Barzani, « mais seulement si vous êtes certain de ne pas tomber aux mains de Daech. » Amin et quelques hommes de son unité ont pris les véhicules pour se précipiter vers les maisons, sur les hauteurs du village, où ils se sont fait rapidement encercler.

Dans les heures suivantes, Amin et son unité ont résisté avec un courage inouï. Coupés du reste des troupes, ils se sont battus sans relâche jusqu'au quasi-épuisement de leurs munitions lorsqu'un capitaine peshmerga – dont le nom, Sherdl, signifie « Cœur de Lion »[4] – a rejoint leur position, forçant le passage à l'aide d'un hummer transportant une caisse de munitions. Il a rejoint Amin sur le toit du seul bâtiment que ce dernier contrôlait encore, et qui était devenu la cible de tous les tirs. « Je me suis rendu compte que les autres étaient déjà en train de réciter pour nous la prière des morts », a raconté Amin, « … et Sherdl est arrivé ! » Sherdl raconte ainsi son exploit : « La situation tournait vraiment mal, Daech allait pouvoir percer notre ligne et menaçait d'attaquer Makhmour. Je devais coûte que coûte aider mes camarades» (à tenir le poste en hauteur).

Un soldat solitaire nommé Shkak, chargé de la garde de la maison, a pris la caisse de munitions et s'est mis à courir. Afin d'éviter des balles de Daech, il s'est lancé d'abord dans une tombe fraîchement creusée près de l'endroit où son ami Zuber est tombé mort au combat. Il a sprinté jusqu'au Badger où Karzan, le mitrailleur, parvenait encore à tenir à distance les combattants de l'EI postés à 18 mètres de là (il en aurait tué 5). Les drones américains, ou UAV (*Unmanned Aerial Vehicles*), suivaient les combats, mais sans pouvoir intervenir compte tenu de la proximité des belligérants – pour bombarder sans risquer de toucher des combattants alliés, il faut que les ennemis se trouvent distants d'au moins 120 mètres.

Comme le rapporte Karzan, Daech lançait son cri de guerre : « L'État islamique résiste et croît. Nous vous décapiterons, vous les infidèles et les apostats. » Ce cri semait l'effroi dans les cœurs. Mais, comme ses camarades le confirment, Karzan rétorquait crânement : « Je le jure devant Dieu, je vais vous tuer un par un », tandis que d'autres Kurdes poussaient des youyous à la manière des femmes arabes lors des mariages, « pour rendre Daech fou », et hurlaient « Daech, vous n'êtes que l'État des maniaques sexuels (*dawla seksiyya*) ! »

Le major Amin a alors téléphoné au QG de Gwer : « Si vous n'arrivez pas maintenant, je suis cuit. » Le capitaine Taha quitta précipitamment son domicile pour rassembler des renforts de l'armée irakienne (40 hommes répartis dans 3 hummers et un pick-up) et rejoindre Amin alors que tout semblait perdu :

« Mon véhicule a été frappé 5 fois, raconte Taha, Daech criait "Allahu Akbar !" (Dieu est grand !). Je criais "Allahu Akbar !" »... Dieu seul sait qui a raison.

Environ une heure plus tard, un autre convoi de 20 véhicules, principalement des pick-up, a suivi le premier, transportant cette fois 100 à 200 soldats de l'armée irakienne. À quatre heures du matin, Kudilah était repassée sous le contrôle de la coalition. Les combattants de l'EI avaient, eux, reculé jusqu'aux deux villages voisins : Mahane et Kharbadan.

Selon le général de brigade peshmerga Ziryan, adjoint du commandant sur le front de Makhmour, il y eut lors de cette bataille 52 morts (sur environ 90 belligérants) dans le camp de l'EI, la plupart tués par les frappes aériennes de la coalition. Ces combats ont fait un nombre indéterminé de blessés. L'un d'eux, un combattant de 15 ans, a été capturé vivant. Nous n'avons pas réussi à avoir d'indications le concernant, car lorsque des combattants ne sont pas immédiatement exécutés, les services de renseignements du GRK les font disparaître.

Le général Ziryan, qui a combattu contre Saddam Hussein depuis les années 1970, nous a confié que l'action visant à repousser la contre-attaque de l'EI fut la bataille la plus difficile de sa vie : « Les émirs *(commandants)* de Daech se battent jusqu'à la mort. »

« Ils avancent vers nous avec tout leur cœur, portés par une abnégation totale et par leurs croyances, résume Karzan. C'était bien plus féroce qu'à Falloujah ou à Ramadi. La victoire ou la mort : ils n'ont reculé que lorsque nos renforts les ont submergés. » Autre témoignage, celui de Shkak : « J'ai entendu les explosions-suicides de 5, 6 ou 7 inghamasi qui se sont sacrifiés pour couvrir la retraite des autres. Il est difficile d'être certain de quoi que ce soit dans ce qui se passe tout autour de vous durant ces combats. »

Une victoire à la Pyrrhus

Les forces de coalition pouvaient entendre Abu Ali, qui commandait les forces de l'EI dans cette bataille, dans son talkie-walkie, exhortant ses soldats à reprendre à tout prix Kudilah des mains de la « coalition des croisés ». C'était, disait-il, l'ordre direct du calife Abu

Bakr al-Baghdadi. La détermination farouche des soldats de l'EI, face à la force écrasante de leurs adversaires, a finalement convaincu les Arabes sunnites d'éviter de se déployer dans Kudilah sans la présence pérenne de l'armée irakienne ou des peshmergas. Or la première avait reçu l'ordre de se retirer tandis que les seconds n'avaient aucune intention d'occuper une position certes stratégiquement importante, mais isolée et entourée, sur trois côtés, de villages contrôlés par l'EI.

Résultat : les tribus arabes se sont retirées également… Et le journal local de l'EI, *Al-Naba Wiliyat Dijlah*, a pu claironner sa victoire : « Après des combats féroces avec les peshmergas apostats, les forces rafidhi *[une référence à la milice essentiellement chiite, qui n'a pas participé à la lutte mais qui est considérée comme l'appendice de l'armée irakienne]*, et une couverture aérienne intense de la coalition des croisés, les soldats du Califat ont réussi, par la grâce de Dieu, à mener une contre-attaque permettant de reprendre le contrôle *[de Kudilah]* à l'aube du samedi Rabia al Akhir [6 février] après deux jours de lourds combats. »

Épilogue

« Les combattants locaux de Daech peuvent être courageux ou lâches, mais ils sont le plus souvent lâches ; en revanche, les combattants étrangers *[de Daech]*, eux, sont féroces », constate Rachid, jeune combattant yézidi. À l'époque étudiant, il a profité de ses vacances de l'été 2014 pour se former pendant une semaine avec les kurdes marxistes en Syrie, les YPG ; car il savait qu'après la chute de Mossoul, en juin 2014, la cible de l'EI serait son peuple sur le mont Sinjar. Si Rachid et quelques-uns de ses camarades n'avaient pas réussi à ouvrir une petite brèche à travers les lignes de l'EI le jour où ce dernier a encerclé Sinjar (3 août 2014), une brèche que les YPG ont par la suite renforcée, plusieurs milliers de Yézidis n'auraient jamais pu échapper au massacre qui en a emporté des milliers d'autres.

« Et ensuite ? », lui ai-je demandé, « qu'est-il arrivé une fois le corridor sécurisé ? » Il eut cette réponse désarmante, pleine d'espoir même si lui n'en avait pas : « Ensuite ? J'ai dû retourner à l'école. L'archéologie, c'est quelque chose d'important. »

Les Kurdes et les Yézidis se battent pour leur survie ou plutôt, comme ils disent, pour la survie de la « kurdéité » et de la « yézidité ». Ce sont des valeurs culturelles fondamentales, inaliénables socles de leur identité dans un monde dessiné sur des sables sans cesse en mouvement. Selon les différents tests que nous avons menés, leur niveau de détermination à se battre et, si nécessaire, à se sacrifier ou à sacrifier leurs familles pour la défense de ces valeurs, est égale ou surpasse celui des combattants de l'EI ou de ceux d'al-Nosra (lié à al-Qaïda). Mais ni les Kurdes ni les Yézidis ne désirent s'aventurer au-delà des limites de leur patrie : conquérir des territoires contrôlés par l'État islamique ne les intéresse pas, sauf à jouer le rôle de partenaires mineurs dans une coalition incluant les tribus arabes sunnites, et menés par les États-Unis, la France et d'autres alliés européens.

C'est un problème sérieux. Pour la plupart, les tribus arabes sunnites de l'Irak ont accueilli avec enthousiasme l'arrivée de l'EI, qu'ils appellent « La Révolution » (al-Thawra) : ils y voyaient un moyen de retrouver leur domination politique sur le pays et de prendre leur revanche, après la dégradation sociale et économique que leur a imposée le gouvernement chiite de l'Irak. Aux yeux des Arabes sunnites que nous avons interrogés, ce gouvernement a été mis en place par les États-Unis et est aujourd'hui la marionnette de l'Iran. Mais les relations avec l'EI ont tourné à l'aigre, surtout chez les chefs de tribus et autres représentants des élites, lorsque les dirigeants de l'EI et leurs soutiens locaux ont commencé à confisquer leur pouvoir et leurs richesses. Ces relations se sont rapidement détériorées lorsqu'il s'est avéré que les promesses d'amnisties et de grâces faites par l'EI étaient un leurre, une ruse pour faciliter son implantation dans la population locale. À la place, l'EI a procédé à d'horribles exécutions sommaires visant tous ceux qui, dans l'armée ou la police, se dressaient sur son chemin, ainsi que de tout adulte chiite (les enfants pouvant encore, eux, être convertis au sunnisme) et toute personne cherchant à protéger ceux qui étaient condamnés par le nouveau régime.

On peut envisager un scénario dans lequel une coalition impliquant les forces arabes sunnites réussirait à déloger l'EI du territoire à majorité arabe sunnite, et même qu'ils y parviennent en évitant un règlement de comptes sanglant entre d'une part sunnites et chiites, et d'autre part entre factions tribales sunnites pro-EI et anti-EI. Mais un tel scénario (très hypothétique) ne ferait pas disparaître les raisons ayant abouti à l'émergence de l'EI parmi les Arabes sunnites d'Irak et de Syrie. Ces raisons seront toujours là, elles se seront même probablement aggravées. Si les Kurdes et les Yézidis souhaitent que les États-Unis, la France et d'autres pays européens soient présents sur le terrain, ce n'est pas le cas des Arabes sunnites. Si vous leur donnez le choix entre la perpétuation de l'EI ou la domination d'une coalition menée par des Américains ou par un gouvernement chiite, la plupart des Arabes sunnites dans la région opteraient pour l'EI ou pour un régime encore pire, comme beaucoup l'avaient déjà fait en faveur d'al-Qaïda.

Les forces dans la bataille

Ici, je me bornerai à résumer très brièvement les leçons qui peuvent être tirées de la bataille et les implications qui en découlent. Elles concernent les perceptions de la force physique et spirituelle de son propre groupe et des autres groupes engagés dans ce conflit régional.

En soumettant à des tests les participants des diverses forces se battant à Kudilah, nous avons constaté de grandes divergences dans la perception de la force physique et spirituelle des États-Unis par rapport à celle de l'EI.

L'EI et les combattants kurdes ont tendance à placer la force physique américaine au maximum, sur nos deux échelles de mesure (fixe et continue), mais ils considèrent la force spirituelle américaine comme médiocre. En revanche, les mêmes jugent médiocre ou faible la force physique de l'EI, tout en évaluant sa force spirituelle au maximum.

Quel que soit leur bord, la plupart des combattants pensent que les compétences matérielles et l'intérêt guident les États-Unis alors que ce sont la foi et l'engagement spirituel qui font la force de l'EI.

L'EI comme les Kurdes ont tendance à placer la force spirituelle des peshmergas au-dessus de leur force physique, alors qu'ils placent la force spirituelle de l'armée irakienne bien en dessous de sa force physique (à l'exception des membres kurdes de l'armée irakienne, dont la force spirituelle est perçue comme élevée).

Les perceptions qu'ont les combattants de l'EI et les combattants kurdes des forces du PKK et des YPG sont proches de celles qu'ils ont de l'EI ; sur l'échelle de la « force spirituelle », ces trois groupes (EI, PKK, YPG) surpassent tous les autres (et nous avons également établi les cotes de la Russie, de la France, de l'Iran, etc.).

À travers d'autres expériences, nous constatons que plus les gens croient en la force spirituelle de l'ennemi, moins ils sont enclins à des sacrifices matériels coûteux face à celui-ci. Telle qu'elle est perçue, la force spirituelle de l'État islamique semble intimider, et même paralyser certains.

Les personnes dont nous avons étudié les perceptions en Europe occidentale (dans des interviews en France, et dans des expériences en ligne en Espagne) évaluent en général la force spirituelle de leur propre société à des niveaux nettement inférieurs à celle de l'EI. Et cela se traduit par une moindre volonté d'accepter des sacrifices coûteux (partir au combat, si nécessaire mourir...), quelle que soit la menace perçue contre les valeurs démocratiques...

Les Kurdes, sur le front, mettent sur un pied d'égalité leur propre « force spirituelle » et celle de l'EI, ce qui les incite à éviter les sacrifices coûteux dans le combat contre l'EI, sauf si leur valeur sacrée de « kurdéité » est directement menacée.

Enfin, la perception d'un manque de puissance spirituelle et physique chez les Arabes sunnites engagés contre l'EI (que ce soit ceux de l'armée irakienne ou ceux des milices tribales) va de pair avec la perception, vis-à-vis de ces Arabes, d'une faible volonté de se battre jusqu'à la mort.

Ces résultats éclairent la façon dont s'est déroulée et achevée la bataille de Kudilah. Ils peuvent aussi être intéressants pour préparer la reconquête de Mossoul et affaiblir l'État islamique, mais d'une façon très différente de celle imaginée par les stratèges de la coalition.

Un Kurde, sergent-chef nommé Hamid, qui a combattu aux côtés des Américains à Falloujah, à Ramadi et dans une douzaine d'autres endroits, a été blessé trois fois. Après Kudilah, il a déclaré :

« Le sort de nos hommes, et même de nos généraux, dépend des Américains qui viennent ici. Sans les Américains et les Français, nous ne serions pas capables de tenir la ligne de front, même si nous étions tous prêts à mourir pour le Kurdistan, ce que je suis prêt à faire tout comme je suis également prêt à sacrifier ma famille pour lui. Les combattants *[locaux]* de Daech peuvent ne pas être aussi disposés que nous à mourir, mais ce n'est pas le cas des combattants étrangers qui les commandent et qui les galvanisent car de tous ce sont les plus courageux, les plus féroces et les plus sauvages. J'espère que l'Amérique et la France auront à cœur de rester avec nous. »

Comparer la puissance des idées et celle que procurent des moyens matériels a fait l'objet, depuis la nuit des temps, de nombreux débats, qu'ils soient philosophiques, politiques ou stratégiques. Comme Sun Tzu le notait il y a plus de 2500 ans dans *l'Art de la guerre*: « La loi morale amène le peuple à [...] ne pas se laisser abattre par un quelconque danger. »

Notre co-équipier, le général Doug Stone (qui fut élevé dans une réserve navajo, ce qui l'a préparé, dit-il, à tenir pour décisive la puissance des idées, y compris dans la bataille), a demandé à Hamid : « OK, ils sont courageux parce qu'ils croient en leurs idées et cela, c'est vrai, peut avoir un énorme impact dans une bataille, cela peut même permettre de gagner des guerres, même si des batailles ont été d'abord perdues. Mais que pensez-vous que les gens de Daech feraient si nous *[les Américains]* revenions ici avec des soldats et des chars ? »

Réponse de Hamid : « Ils ne feraient pas demi-tour. Ils fonceraient et mourraient. »

Ce à quoi le général Stone a répliqué : « C'est le genre d'ennemi que j'aime, mais je ne pense pas qu'ils soient aussi stupides. »

Quand j'ai entendu cet échange, j'ai pensé à la remarque de Staline au Premier ministre français Pierre Laval en 1935 : « Le pape ? Combien de divisions ? » Est-il vraiment anodin que les combattants de l'EI ne se laissent jamais abattre par le danger ? Qu'ils soient toujours prêts à « foncer et à mourir » en interprétant une quelconque « loi morale » ? Quand bien même leurs ennemis auraient des divisions plus nombreuses, des combattants mieux armés, déterminés a les vaincre.

Et pourtant, rien dans cette région n'est aussi simple.

Notre travail sur le terrain et nos études suggèrent clairement que l'EI se perçoit – et est perçu (au moins pour ce qui concerne ses dirigeants et combattants étrangers) par ceux qui le combattent à mort – comme un groupe davantage porté par des valeurs spirituelles que par des intérêts et des moyens matériels. En fait, c'est parce que les combattants de l'EI et du PKK ont initialement refusé de noter les groupes de combattants selon le seul critère de la force physique et ont insisté sur la force spirituelle, plus importante selon eux, que nous avons introduite dans nos expériences des mesures de cette force…

Certes, l'EI accorde aussi de l'importance à la puissance militaire et il a la conviction que plus nombreuses seront ses divisions, plus rapidement triomphera la volonté de Dieu. Mais il pense aussi que la force spirituelle permet de faire plus avec moins, enjeu critique dans la guerre asymétrique. Même les Inghamasi ne se ruent jamais tête baissée vers la mort ; au contraire, ils sont le plus souvent formés à se faufiler à travers les lignes adverses et à survivre jusqu'à atteindre la cible ennemie. Ils représentent les armes les plus redoutables à la disposition de l'EI. Cette expression coûteuse de la détermination inspire les autres combattants et donne un sens durable à la notion de sacrifice.

Il est certain qu'une force militaire écrasante pourrait détruire le commandement, l'organisation et l'armée actuelle de l'EI. Mais que deviendrait le monde sunnite de plus en plus fragmenté (et qui, contrairement au chiisme, ne dispose pas d'une structure religieuse d'autorité généralement reconnue) ? Qu'est-ce qui viendrait remplacer l'esprit et la passion qui attirent essentiellement de jeunes hommes – soutenus par un nombre croissant de jeunes femmes – venus de France, de Belgique, de Grande-Bretagne, d'Espagne et d'une centaine d'autres pays, prêts à se transformer volontairement en martyrs ? L'usage massif de la force n'empêchera pas la résurgence volcanique de ces exaltés, qui pourraient être encore davantage prêts à déclencher l'apocalypse.

Si nous échouons à comprendre la dévotion à la mort que partageaient nombre de combattants à Kudilah ou la volonté de mourir de la plupart des terroristes de Paris ou de Bruxelles, jamais nous ne saisirons comment et pourquoi l'EI est en mesure de se développer au sein des myriades de groupes rebelles dans toute l'Afrique du Nord, de prendre racine en Asie centrale et en Asie du Sud-Est, de séduire les cœurs et les esprits d'innombrables autres Européens qui, à tort ou à raison, ont le sentiment que la démocratie libérale ne se soucie pas d'eux et maltraite les peuples auxquels ils s'identifient. Si l'EI avance dans diverses régions en difficulté, c'est pour une raison simple : il ne se borne pas à promettre un changement révolutionnaire, il le met en action. Il renverse l'ordre politique et économique, en suivant pour la conduite de la société un code moral radicalement différent[5].

L'État islamique a pu s'appuyer sur l'ennui d'une société qui n'a pas connu la guerre ni un véritable combat pour ses valeurs depuis 70 ans. Il mise encore sur l'anomie d'une adolescence quasi interminable, asexuée et culturellement indistincte. Les lignes rouges de l'État islamique mettent radicalement fin à tout cela par la violence spectaculaire, et ses adhérents à l'étranger perçoivent ce bouleversement comme une libération de leurs chaînes personnelles, mais aussi comme une libération de l'humanité tout entière.

À défaut d'une alternative sincère procurant de la passion et du sens, une grande partie des jeunes qui rejoignent l'EI semblent dire « Mieux vaut mettre fin à la souffrance du statu quo avec l'espoir d'une vie meilleure, quelle que soit l'horreur par laquelle cela passe ». Nous sommes là, bien sûr, au cœur de la mentalité apocalyptique : pour sauver ce monde, il peut s'avérer nécessaire de le détruire, quitte à reporter son espoir sur une prochaine vie. C'est une expression ultime de la puissance des idées apparemment absurdes et traduites dans la réalité : ce privilège de l'absurdité, auquel aucune créature n'est sujette sinon l'être humain…

Le 24 mars, à l'aube, la 15e Division de l'armée irakienne a lancé sur Kudilah et les villages environnants une offensive couronnée de succès. Le Premier ministre irakien, Haider al-Abadi, l'a décrite comme la première phase de la campagne pour libérer Mossoul. La 15e Division, une force de 4500 soldats mise en place par la coalition près de Makhmour pour préparer l'assaut contre Mossoul, a été assistée par la force aérienne de la coalition, des tribus arabes sunnites et quelque 200 Marines opérant à partir d'une base militaire 100% américaine, jusqu'alors inconnu, le « Fire Base Bell ».

La coalition semble avoir tirée de la précédente bataille de Kudilah : le seul moyen de déloger les kamikazes de l'État islamique est de déployer une force écrasante. Mais les problèmes de fond – comment à l'avenir assurer la coopération à l'intérieur de la coalition, comment maintenir l'unité de l'Irak et résoudre ses divisions communautaires... – demeurent.

Notes

1. Je suis accompagné de : Rich Davis, ancien directeur de la prévention du terrorisme à la Maison Blanche, avec lequel j'ai fondé ARTIS International et le Center for the Resolution of Intractable Conflict (CRIC) à l'université d'Oxford ; Lydia Wilson, une spécialiste de la philosophie arabe médiévale et du Moyen-Orient moderne, cofondatrice de la Cambridge Literary Review et notre première chercheuse au CRIC ; Hoshang Waziri, analyste politique kurde et dramaturge reconnu. La semaine suivante Doug Stone, ancien commandant adjoint des forces multinationales en Irak, qui avait été chargé de gérer les conséquences du scandale d'Abou Ghraib et de gagner la confiance des tribus arabes sunnites lors de la campagne contre al-Qaïda, est venu compléter l'équipe de recherche.

2. Qu'est-ce que j'appelle « le raisonnement fondé sur des éléments empiriques solides » ? D'un point de vue scientifique, le raisonnement n'exige pas seulement qu'il soit logique et adapté au monde réel. Il doit aussi respecter « le principe de diversité » : en vue de dégager des lois générales ou des schémas à partir d'un ensemble d'éléments ou d'événements que l'on juge pertinents, mais qui sont encore mal compris, il faut se concentrer sur les éléments ou des événements qui sont les plus différents que possible les uns des autres. Ainsi, vous apprendrez bien plus sur la biologie générale des animaux si vous étudiez les propriétés d'une souris et d'un pingouin, que celles que partagent une souris et un rat. De même, si vous étudiez en détail les attentats terroristes à Paris et une bataille lointaine en Irak en cherchant une connexion entre les deux événements, vous comprendrez mieux pourquoi l'EI séduit tant les cœurs et les esprits de dizaines de milliers de personnes, et ce dans la majorité des nations de la planète.

Dégager des éléments empiriques solides sur lesquels on puisse motiver un raisonnement, voilà une tâche plus difficile. La plupart des travaux portant sur les conflits en général, et sur celui avec l'EI en particulier, ne s'intéressent que très indirectement aux acteurs impliqués, et elles n'ont qu'une utilité limitée pour comprendre ou gérer ces conflits dans le monde réel. En fait, la grande majorité des études expérimentales n'impliquent que des étudiants travaillant dans de grandes universités, ou des gens vivant à quelques kilomètres de grandes universités...

La plupart des études portant sur les gens impliqués dans des zones de conflit portent sur des échantillons tirés au hasard d'une population plus large : dans ces échantillons on espère découvrir des sous-ensembles particuliers, composés d'acteurs dont on suppose qu'ils auraient des comportements similaires à ceux qui sont directement engagés dans des conflits et ne sont effectivement pas soumis à l'étude.

Au final, il existe très peu de recherches parvenant (ou simplement essayant de parvenir) à éliminer l'écart énorme entre la simple volonté exprimée de participer à des conflits et la volonté réelle de se battre, de mourir, de perdre ses proches, d'être soumis à la torture ou de l'infliger, et ainsi de suite.

La façon la plus directe de mettre fin aux conflits ou d'en réduire le nombre, c'est de dialoguer directement avec ceux qui y participent réellement.

Voilà pourquoi la recherche scientifique sur le terrain me semble si importante.

Ayant dit tout cela, je propose dans ce texte très peu de résultats de ces recherches scientifiques, à l'exception d'un bref résumé de résultats expérimentaux que je pense pertinents pour comprendre le résultat à la bataille de Kudilah et ses implications plus larges, en vue d'affronter l'État islamique.

3. La plupart des vétérans kurdes de l'armée irakienne viennent du corps principal de peshmergas. En 2003, ils étaient cantonnés au Corps irakien de la défense civile, une force d'urgence participant aux opérations de la coalition conduite par les États-Unis. Ce corps a été intégré à l'armée irakienne reconstituée en 2004. Bien que ces Kurdes irakiens de l'armée se considèrent encore comme peshmergas, de nombreux peshmergas du GRK ne les reconnaissent pas comme tels. Mais d'autres, comme les membres de l'unité kurde à Aliawa qui a rejoint les peshmergas du GRK en 2013-2014 (surtout après l'effondrement de l'armée irakienne à Mossoul), se sentent encore proches de compatriotes kurdes de l'armée irakienne, bien qu'ils ne fassent pas confiance à l'armée à laquelle ils appartiennent : « où seuls les chiites sont promus, les tribus *[arabes sunnites]* ne se battent pas, et

c'est maintenant nous qui sommes les déserteurs *[en riant]*! « Comme la plupart des peshmergas du GRK, ils perçoivent les États-Unis comme complices de la survie de Daech, même s'ils reconnaissent leur propre dépendance à l'égard des États-Unis: «Pourquoi l'Amérique donne toute l'aide à l'armée irakienne? Pourquoi ses avions sont en retard et manquent des cibles de Daech? Pourquoi la plus grande puissance mondiale ne peut pas tout simplement en finir avec eux?» Ici, les théories du complot abondent.

4. Après la bataille et alors que j'écrivais ces lignes, Sherdl a consacré son temps à chercher des soins médicaux pour l'un de ses camarades blessé, qui avait déjà perdu un œil et était en train de perdre l'autre. Sans succès, il a tenté de placer son ami dans un hôpital, d'abord en Iran puis en Europe. Il est à noter que des milliards de dollars d'aide sont versés à la coalition et aux programmes de formation, mais qu'aucun fonds n'est prévu pour une unité médicale mobile au service des Kurdes sur la ligne de front. Depuis six mois, les combattants kurdes n'ont pas été payés; ils doivent souvent acheter leurs propres armes et leurs munitions; ils quittent leurs foyers nuit (surtout) et jour pour rejoindre le front par taxi; et ce sont souvent des étudiants

bénévoles qui les nourrissent. Cette étrange situation tient en grande partie au fait que la coalition dirigée par les Américains insiste sur l'intégrité de l'État-nation qu'est l'Irak (ou la Syrie), de sorte que toute aide et toute décision doivent passer par Bagdad, qui (comme Ankara) considère les Kurdes davantage comme une menace que comme un allié dans la lutte contre l'EI.

5. L'EI et d'autres groupes islamistes ont infiltré la population des réfugiés, n'hésitant pas à instrumentaliser une crise humanitaire aiguë. Le Kurdistan irakien compte moins de 6 millions de citoyens et déjà près de 2 millions de réfugiés et déplacés internes.

Des attentats à la voiture piégée, des assassinats et de nombreuses autres actions ont été fomentés par des personnes infiltrées dans cette population (nous avons interviewé des combattants de l'EI qui avaient été capturés parmi des déplacés internes). Les services kurdes de sécurité ont également recueilli des informations sur des tentatives d'infiltration en Europe. L'EI a même recouru à de jeunes Yézidis ou Kurdes.

Néanmoins, les dirigeants et la police du GRK, qui fournissent des abris et de l'aide à des déplacés internes et aux réfugiés qui représentent plus d'un tiers de leur propre population, parviennent à gérer cette menace. Et ce en dépit d'une grave crise économique causée par la baisse des prix du pétrole et par le coût élevé de la guerre contre l'EI et de l'hébergement des déplacés et réfugiés.

Un tel comportement contraste avec celui de la Turquie, dont la population s'élève à 75 millions de personnes et menace de laisser partir ses 2 à 3 millions de réfugiés vers l'Europe si elle ne reçoit pas des milliards d'euros d'aides. Il contraste aussi avec celui de la France, comme en témoigne son expulsion des réfugiés de Calais. Ou encore avec celui des États-Unis, dont la majorité de la population soutient l'hostilité aux réfugiés musulmans exprimée par les dirigeants du Parti républicain (et particulièrement par le principal d'entre eux, Donald Trump, qui serait prêt à interdire l'entrée de tout musulman sur le sol américain pendant quelque temps).

Bien sûr, la question des réfugiés pose des problèmes de sécurité ; cependant, les attitudes des populations européennes et américaines envers les réfugiés du Moyen-Orient tiennent davantage à la crainte d'une menace culturelle que d'une évaluation raisonnée, fondée sur des précédents et les faits actuels, des risques et des avantages que peut apporter l'arrivée de populations réfugiées.

ANNEXE

Que faire sinon la guerre ?

Ce texte est tiré d'une allocution faite au Conseil de sécurité des Nations unies, lors d'un débat ministériel portant sur le rôle de la jeunesse dans la lutte contre l'extrémisme et pour la promotion de la paix.

Les anthropologues, tels que moi, étudient la diversité des cultures dans le but de dégager leurs points communs et leurs différences. Ils utilisent ensuite ces connaissances afin de surmonter ces différences. Mes recherches visent à réduire la violence entre les peuples, tout d'abord en essayant de comprendre des pensées et des comportements très différents des miens, comme ces kamikazes qui tuent des dizaines de personnes n'ayant rien à voir avec les revendications. Il y a un moment déjà, lorsque j'étais son assistant au Musée d'Histoire naturelle de New York, Margaret Mead m'a appris qu'il était essentiel de les comprendre sans pour autant les soutenir, mais de partager leur existence tant qu'il était moralement possible de le faire. Puis d'écrire un rapport.

J'ai passé beaucoup de temps à observer, interroger et mener des études auprès de peuples de tous les continents, engagés dans des actions violentes pour soutenir un groupe et ses revendications. Le mois dernier, des collègues et moi sommes allés en Irak rencontrer de jeunes hommes qui avaient tué pour l'État islamique, puis dans les banlieues de Paris et Barcelone, avec d'autres jeunes qui voulaient les rejoindre.

En m'appuyant sur des recherches en sociologie, je vais essayer de donner un aperçu de certaines conditions susceptibles de détourner ces jeunes de la voie de l'extrémisme violent.

Mais, tout d'abord, qui sont ces jeunes ? Aucun des combattants pour l'État islamique que nous avons interviewés en Irak n'avait fait d'études secondaires. Certains étaient mariés, avec des enfants en bas âge. Ils ne savaient rien des califes Omar et Othman, mais ils connaissaient cette religion à travers la propagande d'Al-Qaïda et celle de l'État islamique, qui enseignent que les musulmans finiront exterminés s'ils n'éliminent pas les impurs de manière préventive. Cette proposition n'est pas si étrange que cela pour des jeunes qui ont grandi après la chute de Saddam Hussein, dans un monde de haine et de guerres civiles, de familles déchirées par la mort et l'exil, sans pouvoir sortir de leur maison ou de leur abri de fortune pendant des mois.

En Europe et ailleurs, dans la diaspora musulmane, les parents rechignent à parler de l'échec de la politique étrangère et de l'État islamique, alors que leurs enfants sont souvent avides de comprendre.

La plupart des adeptes et des partisans étrangers s'inscrivent dans une catégorie que les sociologues appellent « la distribution normale » en termes de caractéristiques psychologiques comme l'empathie, la compassion ou l'idéalisme, et qui veulent principalement aider, plutôt que faire du mal. La plupart n'ont pas reçu d'éducation religieuse traditionnelle. En effet, lorsque ceux qui pratiquent leur religion sont exclus des mosquées pour avoir fait part de leur extrémisme politique, le glissement vers la violence est fréquent.

Souvent définis uniquement en termes militaires, Al-Qaïda, l'État Islamique et autres groupes de ce type constituent avant tout une menace parce qu'ils représentent le premier mouvement de « contre-culture » au monde. Leurs valeurs vont à l'encontre du système d'états-nations représentés ici, à l'ONU, et de sa Déclaration universelle des droits de l'Homme. Et, tout comme il a fallu plus d'une décennie à Al-Qaïda pour devenir une menace internationale, il faudra sans doute plusieurs années avant que l'État islamique ne donne toute sa mesure, même s'il est chassé de sa zone géographique actuelle.

Mais lorsque nos efforts se sont portés sur des solutions militaires et policières, comme c'est le cas actuellement, les choses étaient déjà allées bien trop loin. Nous risquons donc de perdre les générations futures si nous ne changeons pas de point de vue.

Que pouvons-nous donc faire ?

Avant toute chose, vous devez continuer ce travail très important sur les problèmes de développement, d'immigration et d'intégration, afin de libérer l'énergie et les idéaux de la jeunesse pour que la triste « explosion démographique » devienne un véritable « essor de la jeunesse ».

Je vous soumets trois conditions qui leur sont, à mon avis, nécessaires. J'illustrerai brièvement chacune par des exemples. Chaque pays devra cependant s'assurer qu'elles sont réunies, en les adaptant à sa propre situation.

Première condition : donner un sens à leur vie à travers la lutte, le sacrifice et la fraternité.

C'est ce que leur offre l'État islamique. Les suppliques régulières à « modérer l'Islam », qui sont souvent formulées par des personnes bien plus âgées, m'amènent à me demander s'ils plaisantent. Ils n'ont donc jamais eu d'adolescents à la maison ? À quel moment le fait de « modérer » quoi que ce soit a-t-il attiré les jeunes dans leur recherche d'aventure, de gloire et de sens ?

Comment les piètres promesses de confort et de sécurité des gouvernements actuels pourraient-elles faire rêver ? Les jeunes ne vont pas tout sacrifier, y compris leur vie et leurs propres intérêts, pour des motifs purement matériels. D'ailleurs, des études montrent que les promesses de récompenses matérielles ou de répression ne servent qu'à pousser les plus « engagés » vers les extrêmes.

D'autres études montrent que la principale motivation de ceux qui sont prêts à se sacrifier est la notion d'unité dans une cause sacrée. Cela accroît leur sentiment d'avoir été choisis pour accomplir de grandes choses et leur volonté d'en découdre. Les valeurs sacrées doivent être combattues par d'autres valeurs sacrées, ou en démantelant les réseaux sociaux par lesquels ces valeurs sont véhiculées.

Deuxième condition : leur offrir une vision positive et personnelle, susceptible d'être concrétisée.

L'intérêt d'Al-Qaïda et de l'État islamique ne réside pas dans les sites djihadistes, qui regorgent d'imbécillités grandiloquentes, même si ceux-ci peuvent constituer une première source de curiosité. Il s'agit surtout de ce qui suit. Leur réussite est principalement due aux opportunités d'engagement personnel qu'ils véhiculent. Chacun trouve ainsi un auditoire avec qui partager et améliorer ses revendications, ses espoirs et ses désirs. Par comparaison, les programmes en ligne d'aides et de sensibilisation mis en place par les gouvernements ne proposent que des « contre-exemples » d'idéaux et de croyances génériques, et ne prennent pas en compte la situation spécifique de leurs lecteurs. Ils n'arrivent pas à créer les réseaux sociaux intimes dont les rêveurs ont besoin.

Troisième condition : leur donner la possibilité de créer leurs propres initiatives locales.

Les recherches en sciences sociales ont montré que les initiatives locales étaient plus efficaces que les programmes nationaux, ou à plus grande échelle, dans la réduction de la violence. Et ce, quelles que soient les agences gouvernementales concernées. Laissons les jeunes s'engager dans la recherche de moyens significatifs pour donner un sens à leurs problèmes : oppression, marginalisation politique, manque d'opportunités économiques, traumatismes dus à la violence, problèmes d'identité et d'exclusion sociale… N'oublions surtout pas d'encourager leur engagement personnel grâce à un soutien mutuel et à des mentors bien intégrés dans leur communauté. Très souvent, les extrémismes radicaux naissent d'une expérience personnelle, partagée avec des amis, qu'ils vont ensuite essayer de généraliser par une révolte morale et des actions violentes.

Un exemple :

Gulalai Ismail, âgé de seize ans seulement, et sa sœur Saba ont mis en place le réseau « Seeds of Peace » avec un groupe d'amis, dans le but de changer la vie des jeunes femmes de Khyber Pakhtunkhwa, au nord-ouest du Pakistan. Ils se sont d'abord intéressés à la place des femmes dans la société. Au fur et à mesure de leur développement, ils ont commencé à former de jeunes activistes pour en faire des médiateurs qui s'opposent, au niveau local, à la violence et l'extrémisme. En deux ans, ils ont formé cinquante jeunes pour promouvoir la tolérance, la non-violence et la paix. L'initiative est tellement populaire qu'ils ont reçu pas moins de cent cinquante candidatures l'année dernière.

Les cinquante bénévoles vont au contact des jeunes susceptibles d'être facilement influencés dans leur communauté. Ils organisent des cercles d'études et des entretiens individuels, afin de développer et de promouvoir des idées pour un meilleur avenir. Le programme, qui en est encore à ses débuts, devrait atteindre mille cinq cent personnes dans les trois prochaines années, accroissant le nombre d'activistes qui luttent contre les extrémismes religieux et politiques. Les résultats sont encore plus remarquables, mais Gulalai ne souhaite pas en faire étalage publiquement.

Imaginez un archipel international de bénévoles pour la paix : si nous arrivons à trouver des moyens concrets pour les aider et les responsabiliser, sans pour autant les contrôler, ils pourraient être la clé d'un meilleur avenir.

En somme, le plus important, c'est le temps que des jeunes consacrent régulièrement à d'autres jeunes. Ils savent que les facteurs de motivation peuvent être très variés selon les circonstances, en dépit de leurs points communs, qu'il s'agisse d'un jeune père à Kirkouk, d'une adolescente parisienne, d'un groupe d'amis à Tétouan, au Maroc, ou de joueurs du club de foot du lycée de Fredrikstad, en Norvège. Ce mouvement dynamique, à la fois très personnel et international, qui n'inclut pas seulement des idées audacieuses mais aussi des activités physiques, de la musique et des divertissements, permettrait de lutter contre la « contre-culture » mondiale de l'extrémisme violent, qui a aujourd'hui le vent en poupe.

Mais permettez-moi de souligner à nouveau qu'il n'y a actuellement aucune plate-forme, globale ou institutionnelle, pour assurer la coordination entre ces mouvements qui viennent de la base : pour savoir quelles idées peuvent fonctionner dans tel pays ou pour telles cultures, lesquelles peuvent faire leur preuve dans un contexte ou un environnement particulier, ou peuvent au contraire échouer ou d'être contre-productives sur le long terme.

Les Nations unies devraient, et est certainement la seule organisation au monde qui le pourrait, fournir une telle plate-forme.

Pour faire reculer l'État islamique, l'action militaire est nécessaire (à condition qu'elle ne passe pas par une intervention massive de troupes américaines) mais elle est bien plus difficile à mener que ce que suggèrent le plus souvent nos politiciens et militaires. Elle est également loin d'être suffisante si nous voulons éviter de voir les prochaines générations se perdre dans des mouvements semblables ou pires encore.

À long terme, si on veut espérer contrer l'attrait de l'EI ou de mouvements semblables, la meilleure carte à jouer est celle du travail sur le terrain : un effort mondial doit être déployé pour favoriser les initiatives locales ou communautaires, menées par des jeunes militants bien formés. Ce sont eux qui sont les mieux à même de porter une expression concurrente d'idéalisme propre à séduire la jeunesse, de proposer d'autres aventures festives et glorieuses, aussi dignes de foi et attirantes que la guerre, mais visant à faire triompher la paix.

Table

Achevé d'imprimer en avril 2016
par Normandie Roto Impression s.a.s. à Lonrai
Dépôt légal : mai 2016
N° impr : 1601107
Imprimé en France